迷える
英語好きたちへ

鳥飼玖美子
Torikai Kumiko

斎藤兆史
Saito Yoshifumi

インターナショナル新書　060

目次

まえがき

二〇二〇年は、世界が「新型コロナウイルス感染症」(COVID-19) に襲われた年として記録に残るでしょう。日本ではそれに加え、英語教育が混迷を深めた年として記憶されるのではないでしょうか。

大学入学共通テストにおける英語民間試験導入は二〇一九年一一月一日に延期となりましたが、問題解決に至らないうちに新型コロナ感染症が拡大し、三月には全国の学校が休校となりました。休校措置で遅れた学びを取り戻すためにと「九月入学」案が検討されたり、オンライン授業に切り替えたりする試みが続きました。

社会を揺るがした新「大学入学共通テスト」は二〇二一年一月に初めて実施予定ですが、本試験の日程を二回に増やすことを巡って賛否両論。二〇二〇年四月から開始の小学校五・六年生「教科としての外国語(英語)」は、分散登校などで通常の授業を行えないことから事実上半年で全てを終えなければならず、教員研修も実施できず、混乱したままです。海外留学や実習がままならないなか、多くの大学がカリキュラムの再考を迫られていますし、オンライン授業は教師にとって負担が重いだけでなく、学生にとっては「教員と対面しての学び」「キャンパス生活」を失っていることになり不満が鬱積《うっせき》しています。教育全体が揺らいでいるのが二〇二〇年だと言えそうです。

そのような状況下に刊行となる本書の発端は、二〇一九年『ｋｏｔｏｂａ』秋号から連載の対談「亡国の英語教育――日本人と英語の未来」です。斎藤兆史さんとは、それまでも数々の講演会やシンポジウムでご一緒していたので、話が弾み、連載は二〇二〇年春号まで三回続きました。その連載対談を新書にしようという案が出た際に、斎藤さんと私が気にしたのが、二人の主張が同じ方向であることでした。主張が真っ向から対立している二人なら対談すると面白いでしょうが、基本的には同じ意見の二人が語り合うのって、どうなのだろう、という漠《ばく》たる不安でした。

そこで考えたのが、対談と書き下ろしを組み合わせることでした。これは私にとっても初めての試みとなりますが、たとえば「英語の四技能」については、口頭で話し合うより、二人の持論をそれぞれの専門に立脚して書いた方が深まるのではないか。幸い、斎藤さんと私は専門分野が違います。斎藤さんの専門は英米文学であり英語文体論です。そこに英語学習論が加わって、英語教育のあり方について発信を続けておられます。鳥飼は、異文化コミュニケーションを軸に言語教育と通訳・翻訳について考察しています。そこで二人が別々に書いてみたところ、同じ「四技能幻想」批判でありながら、斎藤さんは、私とは全く異なる視座から斬り込んでいて、私にとっても改めて学ぶことが大でした。

新書の企画を練っている頃は、新型コロナ感染症対策に関する「カタカナ語」が、「クラスター」「オーバーシュート」「アラート」「ウィズコロナ」など乱発されており、これについても書かなければと、二人が別々に論じました。

さらには斎藤さんと私は、ラジオ・テレビの英語講座での講師を経験していることから、それぞれの出演番組について書いてみたところ、斎藤さんがNHK「英語でしゃべらナイト」に出演された際、パックン（パトリック・ハーランさん）は日本語で、斎藤さんは英語で話したこと、「3か月トピック英会話」では紛らわしい発音をちりばめたスキットを斎藤さんが作られたことなどを、初めて知りました。私にとっても、これまで関わった番組を振り返り、テレビ英語講座の将来を考えてみる良い機会になりました。

また、近頃の英語教育が実用に傾斜しており文学が顧みられないことから、あえて「文学を用いた英語学習法」の章を設け、斎藤さんが文学と英語学習論の知見をふまえて指南しています。なるほど、こうやって小説を分析して読むと英語力がつくのだ、と納得しました。

斎藤兆史さんと私は、英語教育専門家として旧知であり議論することも多いのですが、今回は新たな切り口で論じ合うことができたように思います。いつも穏やかで冷静な兆史さんですが、英語教育の話になると舌鋒鋭くなります。その真骨頂が本書の随所に表れていますので、ぜひ味わっていただきたいと願っています。

新型コロナ禍の九月、東京にて

鳥飼玖美子

第一章

対談1 英語民間試験導入狂騒曲

大学入試の「民間試験」導入とは何だったのか？

鳥飼　二〇一九年一一月に、大学入試改革の目玉だった英語民間試験の導入が「延期」となりました。しかしその後の動向を見ていると、とりあえず実施は先延ばしにして、本質的な問題に立ち入るつもりはないような気がします。

斎藤　延期ではなく、中止を決定してほしかったところですがね。もっとも、民間業者にとっては五〇万人規模のマーケットですから、とてつもない儲けの機会だったはずです。

二〇一九年にこの問題が大きく報道された頃には、「どうやら背景に、民間企業と政界・官庁・学界の癒着の問題までありそうだ」という疑惑も取り上げられ、ひどい話だと思った人も多かったでしょう。しかし、民間試験の推進派は、この点さえなんとか取り繕えれば、再び議論の対象になると考えているのでしょうね。

鳥飼　文科省は今回の英語入試改革について、「従来のセンター試験は『読む・聞く』の二技能だけだからダメだった、これからは『話す・書く』の技能を加えた『四技能』を測定する民間試験を使うことにする」としていました。これは、「このグローバル時代、大学を志す者は、みな英語を話せなければならない」ということになります。

斎藤　いわゆる「発信のための二技能が重要だ」という議論ですね。英語を「書く」能力は大学の二次試験でも問われるので、これを理由に高校生にも勉強させることができる。ところが「話す」ほうは、「今までの入試にスピーキング・テストがなかったから話せないのだ」という誤解がある。そこから、この一連の改革は始まっています。

しかし、本来必要となるのは、高校で本格的にスピーキングを教える態勢を整えることのはず。ところが、その教育システムは不完全のままで、テストだけを見込みで始めようとした。これでは本末転倒です。

鳥飼 ひどいですよね。制度設計がずさんどころか、行き当たりバッタリなので、失敗するのが目に見えているのに、ともかくやってみる。大混乱になってから反省しても遅いと思っていたら、本当にそうなってしまいました。

五〇万人の「話す力」を測れるのか?

斎藤 そもそも、大学入試に民間試験を導入するという発想そのものが、異常です。試験の基準や学生の答案が、文科省と大学の外に出るわけですからね。しかも誰が採点するのか最後まで明確にならなかった。

鳥飼 従来のセンター試験の後継である「大学入学共通テスト」に、英語民間試験を使うことになったのは、やはり元文科大臣・下村博文さんの影響でしょう。ご自身が塾を経営した経験があるので、教育は民営化するべきだという強い信念があるように思います。自民党が政権に復帰してすぐに設置された「産業競争力会議」の初回（二〇一三年一月二三日）から下村氏は大学入試改革を提案していましたし、「教育再生実行会議」につなげる役割も担っていました。

でも不思議なことに、今回の英語民間試験は制度設計がずさんだ、欠陥だらけだ、と批判している人でも、相当数が「四技能でスピーキングを測るのはいいと思うんですけど……」という枕詞をつけるんです。「スピーキング・テストを行うことは賛成だけれど、民間業者ではなく大学入試センターがテストを作って行うべき」という主張が多いのです。

斎藤　結局、なぜそこまでして民間試験を入れたいかというと、先ほどのように、「従来の『読む・聞く』の二技能のテストだけではダメだから、四技能を問う」という話ですよね。なぜなら、日本人は英語が「話せない」から。そして、それは入試が悪いからだ——と堂々巡りになってしまう。

鳥飼　これまでセンター試験を担ってきた大学入試センターは、経験からして「話す力の測定は、そんなに簡単にできない」ということを知っているはずです。個別入試ならともかく、五〇万人ものスピーキング・テストを一斉に行って公正に採点するなんてことは、ほとんど不可能でしょう。
斎藤　だからセンターは「あえて」スピーキングの問題を作ることは放棄したのだろうと思います。一般の人のなかには、「大学入試センターに能力がないので、民間業者に頼んだのだろう」と見る人もいるようですが、実はそうではないんですよね。

試験の数が多すぎて、公平性が担保できない

鳥飼　大学入学共通テストへの民間試験導入については、自民党の教育再生実行本部での議論が二〇一三年に報道されて以来、ずっと問題が指摘されてきましたが、政府の教育再生実行会議での提言が文科省に下り、概要が明らかになると懸念の声は高まりました。
まずは入試で最も重視されるべき「公平性」の観点からのものです。親の経済力や地域格差によって民間試験を受ける準備に違いが出れば、個々の受験生のスコアに影響するはずです。何度も試しに受けて対策講座に通ったりすることが可能な家庭の受験生の方が圧倒的に有利になるのは目に見えています。しかも、文部科学省が大学入学共通テストで活用しようとしていた民間試験は、七業者八種類。レベル別も含めたら二三種類もありまし

た。

斎藤　そんな多種多様な民間試験を、入試の合否判定に活用してどのように公平性を担保できるのか、当然疑問がわきますよね。

鳥飼　そこで出てきたのが、欧州評議会が二〇〇一年に作ったＣＥＦＲ*（Common European Framework of Reference for Languages: Learning, teaching, assessment／外国語の学習・教授・評価のためのヨーロッパ言語共通参照枠）です。ＣＥＦＲには、基礎の「Ａ１」から、熟達した言語使用者である「Ｃ２」まで、六つの等級がありました。今は一一段階に増えていますが、文科省は二〇〇一年版ＣＥＦＲを使い旧来の六段階に各民間試験の得点を換算すればいい、という発想です。

斎藤　ＴＯＥＦＬ、英検、ＧＴＥＣなどバラバラなスコアも、ＣＥＦＲのレベルに置き換えれば、比較対照は可能だというのが、文部科学省の主張です。具体的には、大学受験では「Ａ２」レベル以上のスコアを出願の条件とする、という話になっていました。

鳥飼　しかし、実はＣＥＦＲは、欧州評議会の「複言語主義」を実現するために作られたものなのです。複言語主義とは「母語の他に二つの言語を学び、相互理解から世界平和に結びつけよう」という理念です。ＣＥＦＲでは、どの言語を学んでも、たとえば「私は日本語A1、スペイン語C1」などと共通の尺度で評価ができることを目的としています。ですから六つの等級は、あくまで参考として、ざっくり分けただけのものなのです。民間試験に換算することが目的ではなく、能力記述文によって自己評価をすることと、教師による客観評価で今後の学習をどう指導するかの判断に使います。

欧州評議会は、次のようにはっきりと書いています。「この参照レベルは絶対的なものではない。各教育機関で自由に変えてよい」。すなわち、CEFRの尺度はどの言語にも共通に使える枠組みであって、レベル分けが重要なのではない。だから、同じ「A2」でも、たとえばスペインとスイスとイタリアとでは違うことがありえます。

つまり、何をもって「A2」とするのか、その絶対的な基準が示されているものではないのです。そんな緩やかなものを、大学入試の出願要件に使うということ自体が乱暴な話なんですよ。

斎藤 しかし、その時点ではもう、引っ込みがつかない状態になってしまった。

鳥飼 欧州評議会は二〇一八年に、「CEFRは国際標準ではない」と明言していますし、「我々は監視したり調整したりする機関は持っていない」とも明記しています。

斎藤 いろいろな民間試験があるなかで、「X社よりY社の試験のほうが、いい点数が取れて、A2認定がもらえそうだ」ということになれば、受験生はY社の試験を受けるようになるでしょう。すると業者側からすれば、「受験生を集めたい、儲けたい」わけですから、自分が実施する試験の難易度を下げようとする。そもそも基準が明確ではないのですから、そうした事態が起こらないとは言い切れませんよね。

公平公正を身上としてきた大学入試に、こういった営利的な発想が堰《せき》を切ったようになだれ込んでくるのではないか――そんな懸念が生じるのは当然です。

＊CEFRを「セファール」と表記するのは不正確。読み方は「セフ・アール」。ヨーロッパの研究者はC－E－F－Rとアルファベットで区切って発音することも多い。

採点者も採点基準も曖昧

鳥飼　その営利企業である民間試験団体が、どのように試験を実施し、採点するつもりだったのか。特にスピーキング・テストの採点は極めて難しい。きちんと採点するためには、専門知識のある採点者を多数確保しなければならないはずですが、それには当然、経費がかかります。

斎藤　採点者はおろか、誰が試験官になるのかすらも、なかなかはっきりしませんでしたね。

鳥飼　毎年五〇万人以上が受験するわけですから、概算すると、採点者は全体で一万人くらいは必要になります。実際、国語や数学の記述式問題の採点には約一万人が必要と見積もられ、採点を請け負った民間業者が大学生アルバイトを採点に動員することが判明して、批判が殺到。国会でも取り上げられ、結局、見送りとなりました。

斎藤　公正な基準で問題を作成し、専門家にきちんと採点してもらおうとしたら費用がかかる。でもきちんとやらなかったら受験生も保護者も黙っていない。下手をすると、訴訟問題にもなりかねません。

鳥飼　スピーキング・テストの場合、採点者の資格要件や採点基準をなかなか明らかにしない民間試験業者もありました。公表されている団体の採点基準を見ても基準がそれぞれ違うので、受験生は調べるだけでも手間ひまがかかります。

そのようななか、産経新聞が、「複数の試験が採点を海外で行う方針」（二〇一九年九月八日付）と報じました。それによると、まずケンブリッジ英検は、「書く」試験を英国で採点、「話す」は日本で採点。採点者に求める要件は「英語の教授資格、一八〇〇時間の英語指導経験」。またIELTSは、「採点は日本だが、一部海外実施の可能性も」。採点者の要件は「英語の教授資格、三年以上の指導歴」などとしています。

これに対し、日本の民間試験は、採点者に求める要件や資格が曖昧なままでした。英検の採点は「日本、一部海外実施の可能性も」あり。採点者の要件は「英語力を証明する資格、英語教育の経験」です。ベネッセの採点は「アジアや欧米など海外の複数箇所」で、採点者に求める要件は「面接や試験に合格すること」。要するに、ベネッセが面接して選べば採点者になれる、ということなのでしょう。

民間試験にもミスやトラブルはある

鳥飼　また、出題や採点のミスがあったらどうするのかという問題もあります。今までは民間の検定試験だからあまり表に出てきませんでしたが、共通テストの一環として実施する場合も、「民間事業者等の採点ミスについて、大学入試センターや大学が責任を負うことは基本的には想定されません」というのが文科省の見解です。

個別の大学でこの種のミスが起きた場合は、新聞発表や記者会見で、事実関係の説明や救済措置を公表するなどの対応が不可欠です。しかし民間試験は、従来そこまで厳密な対処はしてきませんでした。

実際、最近でも民間試験で問題が起きたことは海外でもあるんです。二〇一九年にアメリカではＳＡＴ（大学進学適性試験）をめぐる不正疑惑が発覚して逮捕者が出るなどの騒動が起きています。ＴＯＥＦＬでは過去に何回か替え玉受験が告発されています。でも日本では、それほど大きくは報道されませんでした。

斎藤　イギリスでも、組織的な不正があったため、たとえば学生が留学ビザを取るための英語力の証明として、ＴＯＥＩＣ、ＴＯＥＦＬはともに使えなくなっています。いずれもアメリカの非営利団体ＥＴＳが運営するテストですね。イギリスとしては、自前のＩＥＬＴＳがありますので、それを使いたいという思惑もあるんでしょうけれども。

鳥飼　つまり民間試験でも、出題ミスや、不正は過去に何度も起きている。これが国として実施する大学入学共通テストで起きたら大変なことになってしまいます。

山積する技術的な問題

鳥飼　ところで、従来の英検は対面の面接でスピーキング・テストを行ってきました。ところが、大学入学共通テストは五〇万人規模ですから、試験官が足りない。そこで、面接は障害のある方だけにして、一般の受験生は、一人一台のパソコンとヘッドセットを使うコンピューター・テスト（CBT）を受けることになりました。

この新たに開発されたコンピューター・テストは、ふつうの英検にも導入されたのですが、二〇一九年九月、システムトラブルで突然パソコンが動かなくなって、五二人が受験中止になってしまうという事態が生じたのです。再試験を認めたそうですが、ふつうの英検だからそんなことを言っていられるわけで、入試だったら、どう責任をとるのでしょう。

斎藤　ベネッセだってそれは同じですよね。GTECのスピーキング・テストはタブレットを使用しますが、それだって動かなくなる可能性がある。

鳥飼　二〇一九年四月に行われた「全国学力調査」では、中三英語の「話すこと」の問題でトラブルがありました。受験者が機器を通して解答する声を録音するのですが、計一万五千人以上のデータに不具合がありました。録音した記録はあるのに音声データがない、音声データはあるけれど雑音で聞きとれず採点できない、というトラブルです。文科省は、こうしたトラブルが大学入試でも起きかねないと質問した記者に対して、「あれは各学校の対応でやっていたから」と説明したようですが、民間業者に任せれば大丈夫とは言い切れません。

こうした技術的な問題に関連して、当時の柴山昌彦文科大臣が批判されました。大臣は当初、「受験生が心配なく受けられるシステムづくり、そしてきちんとした質を確保する」と言ったのですが、それを文科省がやりますと言うのかと思ったら「民間試験業者にお願いいたします」と発言し、猛烈な批判を受けました。

斎藤　文科省の公式サイトでは、大臣がＧＴＥＣのスピーキング・テスト用のイヤーマフを着けている写真まで出していましたね。

鳥飼　そう。スピーキング・テストでは、隣の人の声がうるさくて落ち着いて話せない、あるいは隣の生徒が話すのを真似する受験生が出るといった危惧があり、周囲の声を遮《さえぎ》るような形状の防音用イヤーマフをベネッセが開発したんですね。それを大臣が実際に体験したという写真を掲載し、同時に「公式サイトはこちら」とＧＴＥＣと英検のサイトにリンクを張ったんです。それでまた叩かれた。「文科省はＧＴＥＣと英検の広告塔か」と。

これに対して柴山大臣は、自身のTwitter（ツイッター）で「国会での求めに応じ、問題があるか真摯に調査に行ったのに、それはないでしょう」と反論（二〇一九年六月二八日）。

斎藤　まさに「逆ギレ」状態でしたね。でも、この惨状を見ると、まさに業者に丸投げですね。

鳥飼　丸投げもいいところですよ。文科省も、本当はこんな丸投げでいいとは思っていないでしょうが、「(大学入試英語成績提供システム) 参加要件」は「法的根拠に基づく認定制度ではない」ので、あくまで参加事業者に対して「お願い」するしかないわけです。

撤退したTOEIC

鳥飼　英語民間試験導入を決めた際には、簡単な参加要件だけで参加を募ったのですが、世論が厳しくなるにつれ、文科省からの要請が次々と出され、民間試験業者も負担が重くなったと思われます。

二〇一九年七月、当初の条件より運営が複雑になったことで責任を持てないと判断し、TOEICを運営する国際ビジネスコミュニケーション協会が「『大学入試英語成績提供システム』への参加取り下げ」を発表しました。

斎藤　「受験申込から、実施運営、結果提供に至る処理が当初想定していたものよりかなり複雑なものになることが判明」「責任をもって各種対応を進めていくことが困難であると判断」というのが理由だそうです。

鳥飼　TOEFLは、高校三年生が受験できるようなJunior Comprehensive Test という、四技能を測定するコンピューター・テストを開発していたのに、参加申し込みをしませんでした。これもやはり、採算がとれないと判断したためと言われています。結局、TOEFLは、TOEFL iBTテストだけが参加しましたが、これは受験料が高いだけでなく、試験時間も公式ウェブサイトでは「三時間」ですが、日本人は概ね四時間から四時間半かかっているようです。もともと北米の大学・大学院で学ぶために必要な英語力を測定する試験ですから、かなり高度な内容で、高校生には難しすぎます。

学校の勉強では受からない試験を生み出すシステム

鳥飼　民間試験によって、受験生の費用負担が増えることも問題になりました。従来であれば、入試センターに三教科以上で一万八〇〇〇円の検定料と、志望大学に受験料を払えばよかった。それが、民間試験が導入されれば、英語は大学入学共通テストとの二本立てになってしまいます（二〇二四年度には英語は民間試験に一本化する予定とされていたので、それまでの措置）。つまり、英語に関しては、大学入試センターとは別に、民間業者に受験料を払って試験を受けなければいけない。一回の受験料は、最低でも六千円くらいから二万数千円の民間試験もあります。

「二回までの結果を大学入試センターに提出できる」と親切そうに言われるけれど、二回なら受験料は二倍になります。それに、二回ではすまない。生徒はみな、早ければ高校一年生の段階から受けて、試験に慣れておきたいと思うでしょう。試験に慣れれば、スコアは上がる可能性は高いわけですから。民間試験導入が議論されている間にも、民間試験実施業者は対策講座を始めたり、対策本を売り始めていました。

斎藤　テストのための教材を、テストをする業者自身が作って販売するわけですからね。それを買えば、合格に近づくような仕組みになっている。

鳥飼　民間試験業者によっては、高校でまとめて一括して申し込むようになっていると聞きました。高校から「この教材を使いますから買ってください」と言われると、保護者は「うちは要りません」と言いづらいじゃないですか。仕方なく買ってしまう。そのお金は民間業者に入る。これが利益相反ではなくて何なんでしょうか。

先日、ある県の高校の先生たちと懇談していて、民間業者がどれだけ学校に入り込んでいるかという話を聞きました。その高校は英語教育に熱心に取り組んでいるので、売り込みに来た民間試験業者に「民間試験は学習の成果を測るんだから、ふだんの英語の授業でしっかり指導すれば大丈夫ですよね」と言ったところ、「とんでもない。ウチの試験用の対策をしっかりさせないと、いいスコアは取れませんよ。保護者や生徒から文句が出ていいんですか!?」と、過去問などの教材を強く勧められたそうです。

斎藤　おかしな話ですよね。「一点刻みの点取りのためにあくせくするのはよくない」という理由で改革するはずなのに、結局、今までの「受験対策」と同じことになってしまう。

本来、大学入試だって、一人でコツコツ努力して勉強している人なら解けるはずの問題を出題してきたわけです。逆に言えば、入学試験で、個人が一人でコツコツ努力してできないことを測るべきではない。民間業者の教材を使えば試験の点数が上がるような、そんなシステムにしてはいけないいんですよ。

鳥飼　多くの高校は、英語の授業をつぶして民間試験の模擬テストをやるような実態になっているんです。共通テスト対策で。

さらにおかしなことに、英語以外の外国語は、民間試験ではなく、これまでどおり大学入試センターが試験を作るそうです。「なぜ英語だけ民間試験なのか?」と思いますよね。ドイツ語、フランス語、中国語、韓国語などで受験すれば、大学入試センターに既定の受験料を払うだけでいい。英語民間試験の費用を払わないですむ。英語だけは民間試験業者に別途、受験料を払わなければならない。受験生にとっては費用の点で不公平が生じます。

斎藤　受験料だけで万単位、教材も買うとなればさらに高額になりますからね。

延期ではなく中止に

鳥飼　この騒動では、二〇一九年の半ばから、受験を控えた高校生を含む若者たちが声を上げたことも印象的でした。

彼らが行動を始めたきっかけは、当時の柴山文科大臣が「サイレントマジョリティは（英語民間試験に）賛成です」とツイート（八月一六日）したことです。これには皆の怒りが爆発した感じでした。教育関係者だけでなく、若者たちも「私たちは大反対です」「黙っていると賛成だと思われてしまうのですね」「ならば声をあげます」という流れになった。

八月二四日、埼玉県知事選の応援にやって来た柴山氏に、「英語民間試験の中止」を訴えようとした大学一年生がいました。いくら反対しても何も動かないので一人で行動したわけですが、その学生がたちまち警官に取り囲まれてベルトを引きちぎられ排除される様子が動画で流れると、「入試改革で混乱している受験生の代弁をしたのに」とSNSで怒りの声が湧き上がりました。その後、毎週金曜夕方に文部科学省前で「大学入試改革反対」の抗議活動が行われるようになり、高校生や大学生も参加するようになりました。

斎藤　政治に無関心だと言われていた若者までが行動し始めたのは、珍しいことでしたね。

鳥飼　それまで政治には関心のなかった若者が、誰かに任せていては危うい、自分で考えて行動しないとダメなんだ、と気づいたことは大きいですね。

斎藤　教育の現場でも危機感が募っていました。全国高等学校長協会は、七月に「生徒が希望する時期や場所で英語民間検定試験を受けられる見通しが依然として立っていない」など、六項目の不安要素をあげ、その解消を求めていましたが、九月一〇日には文科大臣に対して「大学入試英語成績提供システムを活用した英語4技能検定の延期及び制度の見直しを求める要望書」を提出しました。こうした動きは非常に頼もしいものでした。

鳥飼　不安解消を求めたのに何も改善されないので、そのようにせざるをえなかったとのことです。

斎藤　高校としては、不安だらけの改革で生徒たちが混乱することは避けたいのは当然ですし、大学側も次第に懐疑的になっていきました。一〇月四日に文科省は、全国の大学・短大計一〇六八校のうち、実に五〇七校が英語民間試験の採用を見送ることに決定したと発表していいます。

身の丈発言

鳥飼　それでも、九月の内閣改造で萩生田光一氏が文科大臣に就任した直後は、報道関係者の間では「このまま民間試験導入を強行するのではないか」と見る向きが多かったんです。

ところが、その萩生田大臣が就任直後に「初年度は精度向上期間」と発言して、「受験生を実験台にするのか」と反発を招いてしまった。この頃には野党も動き出して、合同ヒアリングの実施などを開始。一〇月二四日には野党合同で「民間英語試験導入延期」法案を衆議院に提出しました。

奇しくも同じ一〇月二四日に、萩生田大臣は民放のBSテレビ番組に出演し、英語民間試験導入では地域格差と所得格差による不公平が生まれることについて聞かれ、「身の丈に合わせて頑張ってもらえば」と答えました。いわゆる「身の丈発言」です。この発言はすぐにSNSで拡散され、非難が殺到しました。大臣はついに二八日に謝罪し、翌日には発言を撤回。最終的に文科大臣自ら、延期を発表する事態になりました。

斎藤　ただし「中止」ではなく、あくまで「延期」ですからね。二〇二四年度の実施へ向けて、一年かけて検討することになりましたが、民間試験導入案は、今でも生きているわけです。

頑張っていたセンター試験

斎藤　結局、文科省は「四技能」という目くらましを持ち出して、大学入学共通テストを民間業者に丸投げしただけ。これが英語入試改革における「二〇二〇年問題」の本質だったと言えるでしょう。そして、政府の進めたい英語教育改革と、業者の思惑とを、うまくつなぐ理屈が「四技能」というわけです。

繰り返しになりますが、「今までは二技能だけだったから、これからは四技能にする。これが言語教育と語学力評価の正しい在り方だ」というような主張は、論理のすり替えでしかありません。しかも、この言葉にみんなが騙《だま》されてしまっている。

そもそも、「四技能」という言い方で表される英語運用の諸技能を今まで測ってこなかったかというと、そんなことはないのです。各大学では、たとえば英作文を書かせることで潜在的な会話力を見てきた。従来の入試の方式でも、広く受験生の技能を測ることは不可能ではないんです。

鳥飼　これまで試験問題作成を担ってきた大学入試センターは、文科省管轄の独立行政法人ですが、教育測定学などの専門家も入り、チームで取り組んでいます。試験・研究を統括する専門家の講演を聞いたことがあるのですが、ここまで厳密にやっているのかと驚嘆したほどでした。採点も、機械が読み取れなかったものは手作業でチェックするそうです。受験生は、このセンター試験の結果を自己採点して最終的な志望校を決めるわけですから、慎重かつ厳正になされなければならない。民間業者では採算を考えるから、ここまでできないのではないでしょうか。

「マークシート方式」を批判する人もいますが、マークシートの選択肢問題を作るのは難しいんですよ。正解が二つあったら大変ですから、作問案を叩いて、叩いて、叩かなければならない。

学習指導要領に沿っているという詭弁

鳥飼　もう一つ重要なのは、センター試験は学習指導要領に完全に準拠しているという点です。英語の場合も、コミュニケーションを重視した学習指導要領を反映して、「読む・書く」の二技能の範囲であっても、できる限り多角的にコミュニケーション能力を測ろうと設問を工夫していました。

斎藤　それに対し、民間業者のテストは、学習指導要領には全く関係ないですからね。

鳥飼　文科省は、その点について聞かれると「英語民間試験は、学習指導要領に準拠している」と答えるんです。でも、それは、英語教育の目的はコミュニケーションであるという意味では、民間試験だって同じ目標を持っている、と開き直っているにすぎない。そんなことを言ったら、学習指導要領なんていらないでしょう。

斎藤　高校は民間の英語検定のために授業をやっているわけではない、という建前を守りたいからそういうことを言うんでしょうけど、詭弁《きべん》ですよね。そもそも大学入試に民間試験を入れたところで、個々の受験生は、その業者の対策本を読んで対策講座を受講することになるわけで、結局、試験業者だけが儲かり、受験生は民間試験の対策がうまくなるだけです。従来、弊害とされてきたような構造は変わらないんですよ。あたかも民間試験によって、学生、生徒の英語能力が向上するかのような言説を振りまいている人たちがいますが、そんなことはありえないわけです。

民間試験の未来はどうなるのか？

鳥飼　いくつもの問題点を挙げてきましたが、それでもまだ一般の人たちの間では、民間の検定試験に一定の信頼感があるようです。それに、ほかでもない大学の入学試験なのだから「そこまでいい加減な採点はしないだろう」という思い込みもある。「癒着」の問題についても、新聞や雑誌の報道を熱心に追いかけている人は理解しているかもしれませんが、おおかたの人は、今回「利益相反」だと問題になったような推進派の具体的な人物名を見ても、「この人は誰?」としか思わないでしょう。

斎藤　二〇二〇年の一月から新たなメンバーで「大学入試のあり方に関する検討会議」も始まりましたが、まだ隠されたさまざまな図式があるわけですよ。

鳥飼　そもそも、英語の入学試験のあり方についても、世間では「受験生に格差が生じるのは問題だけど、英語の『四技能』は大事だし、『話す力』を測るのはいいよね」という認識でしかない。「利益相反」はもちろん論外だけど、「地域格差」や「経済格差」など受験生にとって不公平だと批判された状況が解消されれば、民間試験導入そのものは進めてもよい、と考える人のほうが、むしろ多いのではないかと思います。

文科省の検討会議では、一部の委員から英語民間試験がいつ、どのようにして決まったのかを含めて検証が必要だという意見が出ましたが、これまで長い間かけて決めたことを白紙に戻すのかと反発した委員もいました。それでも粘り強い質問があり、東京オリンピック開催の二〇二〇年を目指して無理した実態が判明しましたし、当時の議論に関わっていた委員が反省の弁を述べたりもしました。

この検討会議の議論と同時期に開催された自民党文教族のプロジェクトチームでは、各大学に英語民間試験の活用を求める、となったようです。留学にはＴＯＥＦＬやＩＥＬＴＳが必要なので、どの試験でも良いとするでしょうが、日本の高校生にお馴染みの試験はＧＴＥＣ（ベネッセ）と英検（実用英語技能検定／日本英語検定協会）なので、大方はこの二つ、ということで決着するのではないでしょうか。

大学入試センターは財政難のようですから英語を切り離したいのかもしれません。大学英語教員も毎年の試験作成の負担から解放されるので、これで丸く収まるのですかね。ただ、高校英語教育はどうなってしまうだろうという心配はあります。英語民間試験対策は試験テクニックがうまくなるだけで、使える英語力をつけることにならない。

斎藤　そうですね。結局、英語民間試験の導入は、「格差」であったり「身の丈発言」であったりが積み重なって、本質とは違うところで見送りとなった。だから、表面を取り繕っても、また本質的な問題が出てくる。その問題とは、これまで何度も話に出てきた英語の「四技能」に対する強い信仰に関わるものです。この点は、以降の章で改めて議論しましょう。

そういえば、私たち二人が関わった日本学術会議・文化の邂逅と言語分科会の「大学入試における英語試験のあり方についての提言」では、本質的な問題を論じていますよね。

斎藤　八月一八日（二〇二〇年）にやっと公表されました。[*] 具体的な問題点や提言が盛り込まれていますから、興味がある方はぜひ読んでみていただきたいですね。


*公表された文書は、以下で公開されています。http://www.scj.go.jp/ja/info/kohyo/pdf/kohyo-24-t292-6.pdf

第二章　「四技能」という「錦の御旗」

鳥飼玖美子

英語四技能の論理

大学入試改革の目玉とされた英語民間試験導入の理由として使われたのが、「四技能」です。その論理は、ざっくりとまとめると次のようになります。

英語が使えるようになるには「四技能」が必須なんだ
だから学習指導要領で「四技能」を重視しているんだ
それなのにセンター試験では「読む」「聞く」の二技能しか測ってないぞ
これじゃダメだろ、大学入試を変えないから高校教育が変わらないんだ
こんなだから日本人は英語が喋《しゃべ》れないんだ！
でも大学入試センターじゃ「話す力」は測れないだろう
だったら「民間試験」を使えばいい！
TOEFLとかスピーキング力測ってるだろ
そうだよ、そうしよう！　決まり!!

裏でどのような駆け引きがあったのかは知りませんが、少なくとも公表されている資料

からは、このような理由付けが浮き上がります。

そして、この論理は、日本人の心理を誠にうまく代弁したようで、誰もが納得してしまいました。さらに言えば、ややこしくなりそうな問題は避けて、「四技能」と言い切ったのは、見事な戦略でした。

本音は「話す力」であったとしても、「スピーキング力が必要だ」などと言えば、「いや、読解力は重要だ」と反論が来る可能性があります。でも、「四技能」なら、「読む」「聞く」「書く」「話す」がすべて入っていますから、誰も文句のつけようがありません。そうだよね、としか言えない。理念を語っても一般受けしないのですが、「英語はスキルだ」「要は使えるかどうかが問題なんだ」と考える多くの人々にとって、「四技能」は全く抵抗感がありません。「ヨンギノー」という言葉は、現場の英語教員も納得し、一般の人たちの心にもまっすぐに飛び込み、脳裏に刻み込まれ、あっという間に広がりました。

「四技能」という言葉の力

かくして「四技能」は、今や強大な力を握り、英語民間試験に反対することは「四技能」に反対することだとされてしまいます。えっ、「四技能」に反対するのですか？　そういうあなたは、昔ながらの英語教育にしがみつく守旧派ですか？　グローバル時代に英語が不要だということは、鎖国を続けたいわけですね？　日本が世界から遅れてもいいんですか？　というほどになりました。主要新聞に掲載された有識者とされる方々の意見は、そんな感じで、実際に「鎖国」だの「世界から遅れる」という表現が使われました。

そうなってくると、大学入試改革や英語民間試験導入に異論を持つ人たちも、必ず「四技能は大事だと思うんですよね、ただ、……」と枕詞をつけますし、「四技能に反対ではないんですけど、問題は……」と但し書きをつけるようになりました。

私はそのような「四技能には抗《あらが》えない」状態を、「錦《にしき》の御旗《みはた》」もしくは「水戸黄門の印《いん》籠《ろう》」のようだと表現してきました。ガタガタうるさいことを言う民間試験導入反対派に対して、「黙れ、これが見えぬか！」と民間試験導入推進派が高く掲げる印籠が「四技能」です。「四技能」印籠を見せられたら、たまりません。誰もが「ははーっ」とかしこまるしかありません。

「錦の御旗」は、行為や主張を権威付けて正当化することを指しますが、もともとは朝敵を征伐する際に官軍の旗印に使ったもので、戊辰戦争で新政府軍が掲げたため幕府軍は天皇を攻撃することになるとひるんだとされます。「錦の御旗」は絶対ですから、「制度設計の脆弱性《ぜいじゃくせい》」「地域格差や経済格差による不公平」などの論点は指摘できても、本丸の「四技能」は攻めにくくなります。

ただ、「錦の御旗」の比喩は、ちょっと古いのが難点です。「水戸黄門の印籠」はテレビで時代劇を見ていないとピンときません。他にもっとわかりやすい比喩はないものかと考えていたら、「呪文」を使っている一〇代がいました。

英語民間試験導入に反対して抗議活動に参加した高校二年生（当時）に会って話を聞いた際、「四技能って繰り返されているけど、あんまり意味がなくて、呪文みたい」と語ったのです（筑波大学附属駒場高校、音晴くんの発言。鳥飼玖美子『10代と語る英語教育——民間試験導入延期までの道のり』ちくまプリマー新書／二〇二〇年）。なるほど、と頷きました。確かに「四技能」は人口に膾炙《かいしゃ》しているけれど、意味を考えて使っているわけではなさそうで、一種の「呪文」として機能しています。「呪文」は、言葉の中身を吟味して理解するのではなく、おまじないを唱えただけで力を発揮するものです。

呪文となった「四技能」は、日本社会に広く蔓延しているだけでなく、大学入試改革を検討する有識者会議をも支配している感があるので、ここで改めて「四技能」とは何かを提示しておきます。

外国語教育における「四技能」

「四技能」は、目新しいことではなく、以前からある用語です。英語に限らず、あらゆる言語について「外国語教育」の研究が行われており、その中で、「四技能」は、当然のこととして、長年にわたり扱われてきたといえます。

人が言語を使う際には「聞く」「話す」、そして、文字を使う文化*では、「読む」「書く」が入ります。母語の獲得においては、母親や周囲の人々が話す言葉を「聞いて」吸収し、やがて二年から三年をかけて「話す」ことを少しずつ練習します。学校に入ると文字を「読む」ことを習い、「書く」ことを勉強します。これが人間の母語の「四技能」です。

ただし、外国語という異質な言語を習得する際には、母語獲得とは違いがあります。母語と同じように膨大な時間をかけてゆっくり「聞く」「話す」から入るのは効率が悪いので、内在している母語力を活用しつつ、「読む」ことを土台に、「聞く」「書く」「話す」ことを学びます。

この際、忘れてはならないのが、「四技能」をバラバラに切り離して勉強するのではなく、有機的に関連づけながら総合的な力をつけることです。つまり、英語ならアルファベットを学び、一つ一つの音を知る。個々の文字がどうつながって単語となるのか、それをどう発音するのかを学ぶ。そうして「読む」ことにつなげます。個々の単語だけを暗記するのでは苦痛以外の何物でもないので、文脈の中で単語や語句がどのように組み立てられて機能し、どういう意味を持つのか、どういう発音やイントネーションになるのかを学びます。そのようにして語彙《ごい》力をつけてから「聞く」と、何を言っているのかさっぱりわからなかった外国語が少しずつ聞き取れるようになります。

「読む」ことで得た語彙や音声をもとに「聞く」だけでなく「話す」ことにも挑戦します。最初は簡単な表現を発話したり聞いたことを繰り返すくらいしかできませんが、「書く」ことの練習をしていくうちに、「話す」力に厚みが生まれ、伝えたいことを自分の力で発信することが可能になります。「読む」「聞く」という受容力を駆使して、「書く」「話す」という発信力につなげることで、総合的な言語力を養うのが、外国語学習の基本です。

日本でおまじないのように唱えられている「四技能」は、「話せるようになりたい」という願望がこもっているのですが、だからといって「四技能」を隠れ蓑《みの》に「話す」ことだけ学校でいくら教えても、せいぜい初歩的な決まり文句を練習するだけで、仕事に使える英語までは期待できません。ましてや、これまでいくらおまじないを唱えても効き目がなかったからといって、怨念《おんねん》を大学入試にぶつけてもご利益はありません。英語民間試験を大学入試に使えば効き目があるのなら、これまでＴＯＥＦＬや英検を受けてきた何十万、何百万人という日本人は、今ごろ英語はペラペラなはずです。その人たちの声がさっぱり聞こえてきませんが、どこにいってしまったのでしょう。

＊近代では多くの文化が文字の文化ですが、歴史的には文字のない文化が主流でした（cf. Ong, Walter, J. (2002) *Orality and Literacy: The technologizing of the word*. New York: Routledge.）。

「四技能」は古い!?　今は「七技能」だ！

「四技能」は長らく外国語教育の基本であり、常識でした。ところが、日本で「四技能」が脚光を浴び始めていた頃、欧州評議会は「四技能」は古いとして、新たに「七技能」を提唱しました（CEFR Companion Volume, 2018）。

二〇一八年二月に公表されたＣＥＦＲ増補版で、「伝統的な四技能は、コミュニケーションの複雑な現実を捉えるには不十分である」と宣言したのです。「四技能」は、「伝統的(traditional)」と表現されていますが、要するに「四技能」という考えは、長い伝統ではあるが、コミュニケーションの視点から見たら不十分（inadequate）、ということです。

日本ではCEFRを、国際指標だ、国際標準だ、と持ち上げ、世界に追いつこうと各種英語民間試験の対照表に使ったくらいですが、あっけなく置いてきぼりになりました。世界は、もっと先に行ってしまったのです。

CEFR増補版では、次の四つのコミュニケーション様式（mode）を提案しました。技能の数で言えば七技能になります。

reception 受容（聞くこと・読むこと）
production 産出（話すこと・書くこと）
interaction やりとり（話すこと・書くこと）
mediation 仲介

「受容」（reception）の技能として「聞く」「読む」を入れ、「産出」（production）技能として「話す」「書く」が入っているところまでは「四技能」ですが、次に相互行為として「話すやりとり」「書くやりとり」の二技能に「仲介」を加えて七つの技能にしたのです。

実は二〇〇一年のCEFRでも、すでに「話す」を二種類に分け、「口頭での産出」(spoken production) に加えて「口頭でのやりとり」(spoken interaction) を入れていました。その影響で、日本の文科省は新学習指導要領の英語では、「話す」「聞く」「読む」「書く」に「やりとり」を加え、「五領域」にしました (ですから本来は、「四技能」ではなく「五領域」を測るべきだ、となるはずです)。

さらに、二〇一八年のCEFR増補版では、それまで「話す」だけだった「やりとり」に、「書く」ことを加えました。「書くことのやりとり」には、手紙やメモなどに加えてonline interaction「オンラインでのやりとり」という項目が設けられました。近年のインターネット、eメール、Twitter、Facebook、Instagram などの social media (日本ではSNSと呼ばれる) を意識しています。ソーシャル・メディアの即時性は、従来の「書く」行為と異なり、読んですぐに打ち返すという「やりとり」になっているのが特徴ですので、納得できる追加です。

コミュニケーションを成立させる「仲介」

最後に登場するのは、「仲介」(mediation) です。

二〇〇一年版CEFRでは、通訳・翻訳に関連づけて重要性を説明しているだけでしたが、二〇一八年増補版では、「仲介」の意味を拡大し深化させました。言語を使う人も学ぶ人も社会的な存在であり、「意味を構築し伝えるための橋を架けようとする。それを、一つの言語の中で行うこともあれば、別の言語との間で行うこともある」と説明しています。このように、誰もが行う「仲介」には、「社会的・教育的・文化的・言語的・職業的なコンテクストがありえる」ので、「仲介」は複雑ですが、具体的には三点に分類されています。

まず、「テクストの仲介」(mediating a text)があります。この場合の「テクスト」とは、教科書という意味ではなく、書かれた文章や話されたことを指すので、「メッセージ」と考えて良いでしょう。

次が「概念の仲介」(mediating concepts)です。テクストには当然ながら内容が含まれているので、テクストと概念を厳密に分けることは簡単ではないのですが、テクストにおける語句の意味や使われ方に焦点を当てるのが「テクストの仲介」であり、内容理解が主になるのが「概念の仲介」と考えられます。

最後の「コミュニケーションの仲介」(mediating communication)は、「仲介」の目的が多くの場合、コミュニケーションを成立させるためであることに鑑《かんが》みれば、最もわかりやすい「仲介」でしょう。

「仲介」は、母語話者同士でも日常的に行っています。日本語で会話していて、「ねえ、オーバーシュートが何ちゃらとか、よく聞くけど、何のこと?」「感染が爆発的に増えるってことらしい」「へー、そうなんだ」などというやりとりがあれば、そこには、「テクストの仲介」が存在しているわけです。

「でもさ、感染の爆発的拡大って、どういうこと? 何が爆発なの?」「この前、専門家が説明してたけど、患者の数が二日くらいで二倍になるってことだって」などの説明は、「概念の仲介」を行っていると考えられます。

母語話者同士のコミュニケーションとは違い、「訳す」という作業は、書かれたテクスト、あるいは話されたテクストを一つの言語から異言語へ仲介することになります。「異言語間の仲介」(cross-linguistic mediation) です。テクストを理解することは文字を追ったり語句を聞き取ったりするだけではなく、書かれていること、話されている内容、すなわち概念を言語間で仲介することでもあります。「テクストの仲介」と「概念の仲介」の両方を同時進行で行っているのが、翻訳であり通訳です。さらに言えば、二つの言語を翻訳したり通訳したりする目的は「コミュニケーションの仲介」です。そして、そのような「仲介」には、「言語的・社会的・文化的・職業的コンテクスト」が必然的に関わってきます。

英語学習を考えてみると、教科書などで英文を読み、「日本語ではこういうことになる」と教師が説明することは、二つの言語で「テクストの仲介」を行っていることになります。学習者が「これは日本語ではこのことかな？」と考えながら聞いたり読んだりすることも「テクストの仲介」です。同時に、英語を聞いたり読んだりすることは、内容理解を伴うわけですから、英語と日本語との間で「概念の仲介」をしていることにもなります。

日本語から英語に訳そうとすると、和英辞書で見つけた英語と元の日本語がどうもピッタリしない、等価ではないと感じることがあるのは、言葉に内包されている概念が言語によって異なるからで、それを発見することも外国語学習の重要な部分です。

「コミュニケーションの仲介」は、翻訳者や通訳者が行うだけでなく、外国語教育者も、異言語間での「仲介」を担っています。学習者を取り巻く「教育的・社会的・文化的なコンテクスト」を考慮に入れつつ、「テクストの仲介」「概念の仲介」を教室内で実践しています。「仲介」という視点から言語教育を考えることが重要な所以《ゆえん》です。

「四技能」のこれから

CEFRによる新たな提案を紹介しましたが、これが日本で受容され、定着するか？ 私の答えは「ノー」です。そもそも、「四つのコミュニケーション・モード」では、長過ぎておまじないにならない。「コミュニケーション」というカタカナ語は定着しましたが、あまりに使い古されて、もはや斬新な感じはないし、それが「四つ」と言われても、「コミュニケーションとは英会話」と思い込んでいる人たちには意味不明でしょうから、「はあっ？」となっておしまい。

ならば、「七技能」はどうか？ やっぱり無理でしょう。「四字熟語」でわかるように、日本人は「四」が好きなのではないでしょうか。もちろん「シ」とは言いません。「死技能」ではまずいので、必ず「ヨン技能」です。「七」は、「七福神」もあるからおめでたい感があって、「シ」と比べて悪い数字ではないのですが、「七技能」は「四技能」の〝どんぴしゃり〟感には到底かないません。

「大学入試のあり方に関する検討会議」の第一回（二〇二〇年一月一五日）に出席した萩生田文部科学大臣が冒頭の挨拶で、官僚が作成したと思われる文書を読み上げたなかで、「四技能」とは言わず「コミュニケーション」という用語を使ったのに気づいた新聞記者がいました。しかし、出席した委員は気づかなかったようで話題にせず、その後の議論では「四技能」の一人舞台でした。

ということは、「四技能」は日本の英語教育の鍵概念として生き残り、英語教育改革や入試改革の切り札としての位置を保ち続けると予想されます。その間、専門家がなすべきことは、「四技能」は別々にバラ売りする必要はなく、それぞれの技能を関連させて指導することが大切であるし、大学入学共通テストでも、総合的な英語力を測定するという観点から工夫するべきである、という点をしっかり説明していくことでしょう。

願わくは、多くの英語学習者と英語教育者が、「四技能」という呪文の束縛から解き放たれ、おまじないのように「四技能」を唱えるのではなく、自ら英語能力のあり方について、主体的に自律的に考えていただきたい。

コロナ以後の社会に英語は必要か?

新型コロナ感染症の拡大という未曾有《みぞう》の体験により、「グローバル時代」の負の面が露呈し、グローバリゼーションの脆弱さを世界が共有しました。この事態が収束した後の世界がどのようになるかは不透明ですが、おそらく従来の価値観は通用しなくなり、これまでは全く異なる世界になることは確かなように感じています。

そのような時代に生きていく世代にとって何より必要なのは、「未知」(the unknown) に対応できる力であり、それは自らの力で考え判断できる思考力であり、自律的に行動できる柔軟な適応力でしょう。

そんななか、いったい英語は必要なのでしょうか。

コロナ危機以降の日本は英語どころじゃないという気もします。そもそも日常会話程度ならポケトークなど音声付き自動翻訳機が市販されていますし、スマートフォンのアプリで使えるようにもなります。小学校から始めて中学から高校、そして大学まで十数年もかけて英会話に膨大な時間とエネルギーを使う時代ではないといえます。

ただ、それでも英語は学んだ方が良い、と私は考えています。

なぜか。

新型コロナウイルス感染症の世界的流行で、インターネットでのコミュニケーションがこれまで以上の存在感を発揮したからです。新型コロナ感染症対策で海外への旅行や留学、国際交流ができなくなり、地球の至るところで誰もが外出自粛を余儀なくされ、世界の合言葉が Stay home!(家にいよう)になりました。家でできるのは、テレワーク以外に、インターネットを活用しての「情報収集」と「人とのつながり」です。

インターネットのおかげで、自宅にこもっていても、瞬時に世界の状況がつかめます。ただし、それには英語での情報を読む力が要ります。日本語訳は入手できますが、誤訳もかなりあるので、可能なら英語の原文を読んだ方が正確な情報になります。

情報を得られるのはニュース報道だけではありません。「情報」と「音楽」と「人とのつながり」を組み合わせた試みもありました。世界の音楽家が協力した One World: Together at Home が、二〇二〇年四月一八日（日本時間一九日午前）にテレビや YouTube で生中継されました。レディ・ガガ、エルトン・ジョン、スティーヴィー・ワンダー、ポール・マッカートニーなど各国の歌手や音楽家が自宅から演奏して、医療従事者に感謝の意を表し、"We're all in this together!" と、連帯を呼びかけました。演奏の合間には、家庭での過ごし方や病院の状況も各地からの映像で流れました。使用言語は大半が英語です。他の言語で話している場合は、英語の字幕翻訳が付きました。

Facebook、Twitter でも、さまざまな情報が行き交い、悩みを共有し、励まし合っています。コロナ感染防止の外出自粛は誰しも辛いので、その気持ちを表現した替え歌は日本だけでなく各国で登場しました。映画『サウンド・オブ・ミュージック』で歌われた「ドレミの歌」の絶妙な替え歌は英語でした。英国に住んでいる一家が「外出禁止」となった日常生活をミュージカル『レ・ミゼラブル』の「ワン・デイ・モア」をもじってユーモラスに歌った動画は大評判になりましたが、これも英語がわからないと楽しめません。

やっぱり英語はできないよりできた方が良さそうです。とりわけ読む力。日本語だけの情報ではなく、英語で情報を読んで理解することで、豊富な情報の中から必要な情報を選択し正しい判断をすることが可能になります。

世界を知り、世界とつながるのに、英語は助けになります。

最後に付言すれば、英語という未知の言語と格闘して学ぶことで得た力——異質な言語に向き合い考えることで培った思考力、学習方略（learning strategy）を模索しながら地道な努力を続けた判断力と耐久力、少しずつ進歩することで養われた自己効力感など——は、危機を乗り越え、先行き不透明な時代に生きていく上で、必ず役に立つと信じています。

第三章　四技能信仰の問題点

斎藤兆史

四技能への「ダウト！」

英語民間試験導入をめぐる騒動のなかで、「四技能」という言葉がたびたび使われました。鳥飼さんも指摘するとおり、英語民間試験導入の是非は別にして、「四技能」の理念自体はいいものだと思っている人がほとんどのようです。私にはこれが不思議でなりません。英語教育においては、なんとも訳のわからない「コミュニケーション」もいいものとして一人歩きしていますし、「四技能」も同じように大手を振って歩いています。これがこのまままかり通っては困るので、誰も言わないなら、トランプ遊びの要領で私が言います。「ダウト！」と。

英語教育における「四技能」という理念自体はいいと思っている人の多くは、次の三つの命題を混同している場合が多いと思われます。

①英語の四技能がバランスよく使えるようになるのはいいことだ。
②英語の四技能をバランスよく教えるのはいいことだ。
③英語の四技能をバランスよく測るのはいいことだ。

この三つの命題は、全く意味が違います。私が賛同する度合いから言えば、①が最も高く、③が最も低い。とはいえ、①にしても、一〇〇パーセントは賛同しません。せいぜい六〇～七〇パーセント程度でしょうか。では、なぜ私が「四技能」という英語教育理念に異を唱えるのか、この三つの命題に即して議論していきます。

四技能には考える力は含まれていない

四技能がバランスよく使えるようになるのはいいことかと問われたら、それはそれで悪いことではない、と答えたいと思います。しかしながら、とここから反論を展開しましょう。「読む、書く、聞く、話す」の四技能は、あくまで身についた言語能力の具体的な表れ方にすぎません。高度な英語力を身につけた人が英字新聞を読めば、その内容を容易に理解するでしょう。外国に電子メールを送る用事があれば、英文を書くのも朝飯前です。英語音声が聞こえてくれば、それを理解するでしょうし、必要とあらば、頭で考えた英文をそのまま口から出すことも難しくはありません。しかしながら、それは高度な英語力を身につけた結果なのです。

そもそも、言語の重要な働きの一つは思考を整理することですが、言語を用いて物事を考える技能は、四技能には含まれていません。英語学習の目標を英語による対人的なコミュニケーションと狭く捉えているから、四技能のように、目に見える言語活動の表れだけに目を奪われるのです。言語とは、それほど単純なものではありません。

それから、もう一つ重要なことがあります。とりあえず「四技能」という言い方をしておけば、それをバランスよく使えることがすべての日本人英語学習者に求められるべきことのように聞こえますが、そうではありません。どの技能をどのような形で使うかは、人によってまるで違うのです。

話をわかりやすくするために、身体技能のたとえを使いましょう。投げる、飛ぶ、走る、泳ぐ、など体を使った技能もいろいろあります。それぞれの技能をバランスよく使えることがいいかどうかと問われたら、それはそれで悪いことではない、と改めて答えましょう。それらすべての技能をバランスよく使えることは、高い身体能力の表れでもあります。

しかしながら、人には得手不得手もありますし、運動選手ですらそのような技能をバランスよく身につける必要はありません。マラソン選手は泳ぎが下手でも、あくまで「走る」を重点的に訓練すべきです。逆に水泳選手が「投げる」、「飛ぶ」技能を高める必要はありません。英語の技能についても、全く同じことが言えます。

英語の四技能をバランスよく教えるのはいいことか？

この質問に対しては、教えてもいいですが、必ずしもうまく行きませんよと答えておきましょう。先にも述べたとおり、英語教育が目指すべきことは、学習者に高度な英語力を身につけさせることであって、「四技能」を個別に、バランスよく教えても、その目標を達成することはできません。

視点を変えて、母語獲得がどのように起こるかを考えてみましょう。赤ちゃんがある言語圏に生まれ、その言語が正しく運用される環境にどっぷりと浸かって、頭のなかでその言語の法則性を割り出していきます。そして、英語圏に生まれた子供であれば、ある時点で英語の「文法」を獲得し、いつしかその脳内文法を使って話したり、聞いたり、読んだり、書いたり、あるいは考えたりできるようになります。日本語環境で生まれ育った子供たちもまた、日本語の基本規則を体得し、それが自分のなかで自動化した段階でいろいろな技能を身につけることになります。基本規則を身につけつつある乳幼児たちに、さあ今日は書く練習をしましょう、読む練習をしましょうと言ったってできるわけがありません。言葉はそんな風に学ぶべきものではないからです。

残念ながら、ある言語環境のなかでその法則性を身につける能力には限りがあります。

多くの人にとっては、幼いときに一度だけ与えられているものです。そしてまたその能力が発動するための条件は、その環境で運用されている言語そのものに法則性があることです。日本語環境で生まれた子供は、周りに日本語を正しく運用する人たちがたくさんいるからこそ、その人たちが日本語を運用するときの法則性を自分のなかに写し取っていくのです。そのようにして日本語話者となった人が日本で英語を身につけようとする場合、今度は日本語を活かした「お稽古」をすることになります。

日本における早期英語教育の推進者のなかには、子供たちに「シャワーのように」英語の「インプット」を与えることの重要性を強調する人がいますが、すでに日本語を獲得した子供に対して、週に数時間程度、文法も発音もあやしい英語（らしき破調の言語）で話しかけてみたところで毒にしかなりません。外国語学習には外国語学習の手順があるのです。

何語を母語とする人間が何語を学ぶかによっても違うと思いますが、少なくとも日本語話者が日本にいて印欧語族の言語を学ぶ場合、学習目標となる言語の運用のあり方を整理して記述した文典をまず勉強し、それを読解学習で確認していくのが有効であるというのが先人の知恵です。もちろん、現代では音声教材も充実していますから、良質であるかぎりにおいて、いろいろな教材を組み合わせて英語を教える、学ぶことはとても大事なことです。それでも、文典（あるいは学習文法）から読解教材への学習の流れは、まさに王道と言ってもいいと思います。そして、その王道を歩んでいけば、少なくとも読解力において母語話者を超えることも可能なのです。

中学・高校と六年間英語を勉強するのに、さっぱり使えるようにならない、と愚痴を言う人は少なくありませんが、日本という環境で六年間、週に四、五時間程度の授業を受けて英語が使えるようになると思うほうがどうかしています。学習段階で言えば、高校の段階でようやく文典の応用学習に入ったあたりでしょうか。個人差も大いにあるでしょうが、まずは、英語の基礎の基礎を固める段階です。そこで喋りましょう、書いてみましょうと急かしてみたところで、むしろ基礎固めを妨げることになってしまうでしょう。

英語の四技能をバランスよく測るのはいいことか？

先ほどと同様、英語力を身体能力にたとえるならば、英語四技能の測定は、体力測定に相当します。なので、その程度の参考資料を提供する検査にはなるのかもしれません。

しかしながら、体力測定が何かに合格するための試験になるとしたらどうでしょうか。たとえば、有名野球チーム、サッカー・チーム、卓球チームなどに入るための試験として体力測定の数値を使うようにとの指針がスポーツ庁から示されたと仮定しましょう。監督たちは大慌てです。うちがほしいのは優秀な野球選手、サッカー選手、卓球選手なのに、どうして体力測定の値を基準にして選別しなくてはならないのかと文句を言うに決まっています。逆にそれぞれのチームに入りたい受験者は、測定項目でどれだけ高い数値を出すかに躍起になるでしょう。もしかしたら、それぞれの種目での優秀な選手でなく、体力測定十種競技の選手のような猛者《もさ》が出てくるかもしれません。

こう書くと笑い話ですが、あやうく同じことが大学入試の英語試験で行われるところでした。入試で測定したいのは、高等教育段階で行われる学問研究で必要になる英語を理解・運用する基礎がどのくらいまでできているかです。必ずしも英語で小器用に道案内などができなくてもいいから、学術的な英語運用ができるようになってくれればいいのです。その運用能力を測るには、別の尺度が必要です。

私は三五年以上大学で英語を教えています。いわば、英語教育という現場で長年「監督」を務めてきたようなものです。だから、学習者の英語運用の一部分を見れば、だいたいどのような力を身につけているかがわかります。それぞれの技能として顕現する能力は、基礎的な言語能力につながっているのですから。

たとえば、最近のデジタル技術が可能にしたSNSでテクスト・メッセージを送るとしましょう。これは、四技能で言えば「書く」でしょうか、「話す」でしょうか？　行為としては確かに「書く」かもしれませんが、ほとんど話し言葉の運用に近い。つまり、「話す」と「書く」は別の技能ではなく、かなりの程度までつながっています。だから、学生の英作文を読めば、その学生の英会話能力がだいたいわかります。もちろん、発音の善し悪しは別問題ですが。

また、英語教師として、科目に応じて全部日本語で話をしたり、半分を英語、半分を日本語で講義したり、あるいはぜんぶ英語で学生とやりとりしたり、いろいろな教授法を試しましたし、いろいろな形で学生の英語力を測り、それを伸ばそうと努力してきました。なので、学生がどこでつまずいているのかを見るときの目のつけどころを心得ています。

たとえば、読解の授業の際、ある文章の理解に苦しんでいる学生が何に引っかかっているかを見るにはどうするか。とりあえずここからここまで日本語に訳してごらんと言って、その訳を聞けば、たいがいどこが問題なのかが一発でわかります。英文を訳させる試験は、訳の巧拙を見るだけで、英語力の試験としては劣っていると主張する人が、下手をすると英語教育学者のなかにも少なからずいますが、そういう人は英語教育における訳の効用を全く理解していない。「この英文を訳せ」という試験問題は、日本語を母語とする受験者の英文理解を細かく判定するためのものなのです。

英語教育のお題目に惑わされないこと

英語は、日本人にとって習得するのがとても難しい言語です。そのため、自分の学習の進度に不満を持ち、日本における英語教育のやり方が間違っていると思っている人が少なくありません。そのため、いままではこれをやっていたから駄目だった、これからはこういうやり方にしよう、という主張が出てくると、すぐにそれに飛びついてしまうのです。そのような主張を強めるために、いくつかのお題目が唱えられてきました。代表的なものは、「コミュニケーション」「グローバル」、そして「四技能」です。

こういうお題目を唱えて、高度な英語力を身につけた人を私は知りません。英語ができるようになりたいなら、地道に英語を勉強し、まずはその基礎をしっかりと固めることです。その上に高度な英語力を身につけさえすれば、具体的な技能にこだわることなく英語を運用することができるようになります。

第四章　対談2　日本人の英語の現在、過去、そして未来

「小学校英語」で何が起こっているのか？

斎藤　改革は大学入試だけではありません。二〇二〇年度から、小学校の五・六年生で行われてきた「外国語活動」が、三・四年生に前倒しされました（名称は「外国語活動」ですが、実質的にはほぼ一〇〇パーセント英語の授業です）。また、五・六年生の英語が、検定教科書を使って授業を行い、成績評価の対象となる「教科」になりました。

鳥飼　小学校では、四年間で六〇〇語から七〇〇語の単語を学ぶことになっていますが、各社の検定教科書を見ると、どれも七〇〇語で、相当に高度な内容です。これを英語が専門ではない学級担任が中心に教えることになったわけです。

小学校英語の教育も、最大の問題点は、そのための十分な条件が整備されていないことです。小学校には専門の英語教師がいませんでした。教員養成を含めた条件整備の必要性は、「外国語活動（英語）」導入が検討され始めた一九九〇年代から指摘されていたことですが、一九九八年告示、二〇〇二年施行の学習指導要領では「総合学習における国際理解教育」の一環として「外国語活動（英語）」が導入され、抜本的な改善はなされないまま、とうとう教科化に至りました。大学入試改革と同じく、問題山積の中での見切り発車です。

中央教育審議会は、小学校五・六年の理科、算数、外国語（英語）の授業に「教科担任制」を、二〇二二年をめどに導入する案をまとめましたが、専門性を持つ教員の確保が課題とされています（二〇二〇年八月二一日付朝日新聞）。当面は小学校の先生たちに大学の英語教職課程で短期研修を受けさせたり、英語が得意とされる人たちに特別免許を出したり、英語の教員免許を持っている中学校の退職教員を活用したり、苦肉の策であれこれやってきた。ただ、私がこれまで小学校現場を見てきた限りでは、「ここまでして小学生に英語をやらせる必要があるのだろうか」という感想しか持てませんでした。

斎藤　小学校への英語教育導入も、「幼いうちから英語学習を始めれば、みんな話せるようになる」という根拠なき幻想が作った政策ですよね。そもそも先生がしゃべれないのに、どうして児童がしゃべれるようになるのか。その根本的な疑問に立ち返れば、わかるはずだと思うのですが。

「先生も学習者」でいいのか？

鳥飼　これまで、英語教師を志す人は、中学校・高等学校の英語教員の免許を取得してきました。もし小学校で本格的に英語教育を始めるなら、まず教員（教育職員）免許法を改正して、小学生を対象に英語を教えられる専門家を育てなければならないはずです。でも、それをしないまま見切り発車してしまった。

斎藤　教える人が素人《しろうと》なんだから、下手をすると間違った英語を刷り込まれかねませんよね。

鳥飼　もちろん、小学校の先生方には、「子供たちを熟知している学級担任が教えることに意義がある」と考えて、懸命に頑張っている人もいます。ただ、そもそも英語を教えたいと思って小学校教員になったわけではないから、英語力に自信のない先生たちもいます。それに、自信さえあればいいかというと、そうではないのが難しいところです。

私は『国際共通語としての英語』（講談社現代新書／二〇一一年）の中で、「ネイティブ・スピーカーのように話すというのは、英語が母語でない限り無理なのだから、少しくらい間違えてもいいし、発音も気にしないで話した方がいい。自信を持って話しましょう」という趣旨のことを書きました。ところが後から「しまったな」と思った。というのも、読者カードに「読んでうれしかったです。ハチャメチャ英語でいいんですね」といった感想があったんです。

また別の機会の話ですが、ある研究会で小学校で英語を教えている先生が実践発表の際に次のような発言をしました。

「私は小学生に英語を教えていますが、鳥飼先生がおっしゃっているように『ネイティブのような英語である必要はない、日本人英語でかまわない』と思って、自信を持って教えています」

私は内心、これはまずい、と慌て、「それは、ちょっと違うんです」と、後の意見交換の時間に説明しました。

「確かにネイティブ・スピーカーを目指す必要はありません。それで『英語を勉強して知っているはずの発音や文法も、話すときには間違えてしまうことはよくあるので、恐れず大胆にしゃべりましょう』と書きました。でもそれは、一般の英語学習者に向けての励ましで、教えるプロである教員は別です。小学校の先生だからといって『プロではないので……』と言い訳はできない。児童は先生の指導を吸収します。英語の文法も発音も、きちんと学ばなければという意識で、日々研鑽を積んでいただきたい」

厳しい言い方ですが、正式な教科になって、生徒に成績もつけるのですから、それ相応の努力はしていただかないと、と考えて、あえて釘を刺しました。

斎藤　鳥飼さんの意図が歪曲《わいきょく》され、拡大解釈されてしまったわけですね。

英語の先生が間違えるかもしれない、という危うさ

鳥飼　教員としては正しい英語を教えることを目指す。「正しい英語」の定義は微妙ですが、児童・生徒・学生に対して、世界で通用するようなきちんとした英語を教えることを目指してほしい。ただし、実際に英語を使うときには間違うことはあるから、それは気にしすぎなくてもいい。でも努力はしましょう、と言いたいわけです。

斎藤　最近は「先生も学習者の一人として英語を話そう」なんて言う。小学校は特にそうですね。

鳥飼　そうなんです。「先生も子供と一緒に学べばよい」というのは心地良い響きですが、それでかまわないのでしょうか。

たとえば、文科省が出した「外国語活動」用の教材『Let's Try!』の教師用「指導編」（七ページ）に、先生たちへ向けてのメッセージがあります。最初は「言葉を使うことで慣れ親しませる」という基本方針。二番目が「指導者は、英語を使おうとするモデルになる」という目標で、三番目が「指導者が英語を使う際の留意点」です。

このうち二番目の「英語を使おうとするモデル」では、次のように先生たちを励ましています。

授業で、児童ができるだけ英語を使った言語活動を行うためには、指導者も積極的に英語を使いたいものである。また、外国語活動においては、指導者は何より英語を使おうとするモデルでもある。指導者が英語が苦手だからと距離を置くと、児童も距離を置いてしまうかもしれない。『先生は、デジタル教材のような発音ではないけれど、ALTの先生のようにすらすらと英語を話さないけれど、英語から逃げていないよ、何とかして自分の思いや考えを伝えるよ』という英語を使おうとする心強い指導者をモデルに、児童も『よし、やってみよう』と思うのではないだろうか。

現場を励ましたい気持ちはわかりますし、「外国語活動」の教材だからこの表現になったのかもしれませんが、「教科」となったら、これではすまないですよね。

斎藤　先生も一人の学習者としての手本を見せる、と言えば聞こえはいいけれども、それは要するに、先生が英語ができないことを正当化するための屁理屈でしかありません。生徒にとってみれば、あくまでも先生は先生。その先生が間違った英語を使ったら、生徒も間違った英語の使い手になるしかないわけですからね。

鳥飼　本来なら親は、子供に対して「先生の言うことはちゃんと聞きなさい」と言うでしょうけれど、小学校英語の授業に限っては、そんなふうに言わない方が無難かもしれない。悲しい話ですが、英語に限っては「先生は間違えるかもしれない」と思わないといけない。

斎藤　ネイティブのALTにしても、「日本人は細かいことは気にしないでいい」などとよく言ったりする。それで生徒のみならず、先生までもが「日本人英語でいいんだ、発音なんて少々変でもいいんだ」などと思い込んでしまう。それでは困るんですよね。

ハイテンションな英語授業

鳥飼　ところで、英語の先生たちはなぜか、授業になると人が変わったように声を張り上げたり大仰な身振り手振り、ハイテンションで教える傾向がありますよね。英語の授業で「いい授業」とされるのは、なぜか、やたらテンションが高いものになってしまうのが不思議でなりません。

斎藤　英米の人が見ても不思議だと思うでしょうね。「もうちょっと落ち着こうよ」と。なぜ英語の授業だけそうなのか。

鳥飼　そのことをツイッターで指摘したら、中高の先生たちから「四〇名もの授業で英語を教えるとなったら、声を張り上げないわけにはいかない」という返信がありました。「英語で話すときにはハイテンションにするべきだという思い込みもある」という投稿もありました。

その「英語授業に特有のハイテンション」は、小学校で顕著かもしれません。文科省の指導書に「指導者が英語を使う際には〝ジェスチャー〟を付け、顔や声の表情の豊かさを心掛けたい」とあるからでしょうか。ある小学校の先生から「どうして英語の授業だけ、ハイテンションでやらないといけないんですか？」と相談されたのですが、英語に自信がないのに、ジェスチャー入りで表情豊かに声を張り上げて指導しなければならないとなると、ますますつらいだろうなと思います。

英語の間違った使い方

鳥飼　ハイテンションとは違いますが、小学校の英語活動で見学した授業では、紋切り型のSee you! とそれに伴う手を振るジェスチャーの連発が実施されていました。

黒板に板書された定型表現を使って、ペアになった生徒が「夏休みは何をした？」「おじいちゃんの家に行きました」とやりとりしているのですが、終わると必ず〝See you!〟

と手を振って、別の子のところに行くんです。毎回、相手が誰であろうと同じ質問をして、相手が何を答えようと、間髪をいれず“See you!”と手を振って去り、次の子を探す。この子たちは、「英語では、“See you!”と手を振って会話を終えるんだ」と刷り込まれるんですね。

斎藤　間違った英語表現を覚えて、そのまま大人になってしまう。

鳥飼　See you! という英語は存在するのだけど、使い方がおかしい。それを先生はおそらく知らないし、気づいていない。一見、とても活発で楽しそうな授業です。活動が終わると先生が「何人のお友達と話せましたか?」と聞く。子供たちは一斉に手を上げて「私は四人でした」「僕は五人だった」などと数を競うわけです。

斎藤　数を競うって（苦笑）。

鳥飼　ふつうの会話だったら、「夏休み、どこに行った?」と質問し「おじいちゃんの家に行った」と相手が答えたら、次には「おじいちゃんの家、どこにあるの?」「何をして遊んだの?」「楽しかった?」などのやりとりがあるはずなのに、それは一切ないんです。そして授業の最後に先生が「みんな、よくがんばりました。では、今日はこれで“Finish!”」

斎藤　“Finish!”って、命令文なのか、名詞なのか……。

鳥飼　すると子供たちは、また"See you!"と手を振るんです。のみならず、先生も手を振ってサヨナラしている。その先生は学級担任だから、次の授業でも同じ子供たちと会うわけですけど、この授業ではサヨナラ、次の授業で会いましょう、ということかな？

斎藤　それがいかに奇妙なやりとりであるか、気づいていないんでしょうね。

鳥飼　これが、その小学校の英語授業で最も評価されている先生の研究授業だということでした。

間違った英語の刷り込み

鳥飼　ほかにも「外国語活動」の現場で、子供に間違った英語を刷り込んでいる例を見てきました。たとえば、先生が先頭に立って「アイ・アム・バナナ」みたいなことを、日本式発音で教えているんです。そんな英語をどこで使うんですか。

"Teacher, teacher!"と挙手させている授業もありました。確かに日本語では、「先生」を呼びかけの言葉として使いますが、英語の teacher は普通名詞なので、呼びかけには使わない。こんなことを小学生のうちから刷り込まれた子供たちが、英語圏に留学して学校で怪訝《けげん》な顔をされるのかと思うと、かわいそうになります。

斎藤　日本には独特の教室文化があって、日本人にはふつうのことかもしれないけれど、それをそのまま英語にすると、不自然になってしまうことが多々ある。なのに、これを無理やり英語で行うような傾向がありますね。

これは小学校ではなく、ある高校の研究授業で目にしたことなのですが、先生の質問に対して生徒がみんな手を挙げて"Me, me!"と叫んでいるんです。質問に対して「はい！」と手を挙げる習慣を英語でやろうとしたのでしょうか。英語圏の幼稚園児などが「僕、僕！」「私、私！」と手を挙げているならわかりますけれどもね。いい歳をした高校生に対して、そんなことを平気で教えている。鳥飼さんがお話しになったとおり、本来、研究授業を担当する先生は優秀な人のはずなのです。それでも、目を覆いたくなるような授業をやっていたりする。

鳥飼　ある中学三年生の研究授業では、留学経験のある「カリスマ先生」が、ポップ・ミュージックをかけてノリノリで、"Hi, everyone!"とやる。それを見ていた教育関係者はみんな「素晴らしい！」と感心するんです。しかし、授業の内容はお店屋さんごっこ。花屋さん、魚屋さんにflowerやfishと書いて、生徒たちが"This, how much?" "Cheap, cheap!"などとブロークン英語で会話もどきのやりとりをしてるんです。

私は最後の講評で、中学三年生にはその年齢の認知的な発達に見合った内容で教えたほうがよいと、やんわりとアドバイスしました。教育関係者でも、生徒たちがブロークン英語をしゃべっているだけで「すごい!」と思ってしまうんですよ。

斎藤　派手な演出に騙《だま》されてしまうんでしょうかね。

ネイティブ教師もピンキリだ

鳥飼　ALTについても、保護者は「ネイティブ・スピーカーの講師に来てもらう」と聞けば安心するようですが、一口にネイティブといっても母語話者ではなかったり、指導方法を知らなかったり、ピンからキリです。子供たちに真似してほしくないような英語を使う人もいますよ。

斎藤　いますね。

鳥飼　ALTもこれだけ増えてしまうと、いろいろな国から来たいろいろな人がいる。その人たちのなかには、英語圏で必ずしも教養があるとはみなされない英語を話す人もいます。その点も気をつけた方がいい。いろいろな英語があるので、ALTの英語だけが本物だと崇《あが》めなくてもいいのです。

それにネイティブ・スピーカーの数を増やすということは、その質が下がるということです。いまや中国や韓国でも、競うようにしてバンバン採用してますからね。

しかも、学校が直接雇用している例は非常に少ない。派遣会社が間に入って派遣されて来るわけです。そうすると、労働者派遣法があるので、現場の教員がネイティブ講師に直接指示を出せない。まず派遣元に言わなきゃいけない。

斎藤　そうなんですよね。細かい話ですが、一般の企業でも、たとえば「飲みに誘ってはダメ。誘うなら、派遣元の上司に許可をとってから誘ってください」とかあるらしいですからね。

鳥飼　だから、子供たちがネイティブの先生になついて、「お給食、一緒に食べようよ」と言うと、契約に入ってない、とバシッと断ったりするらしいんです（笑）。

それに、派遣業者はたいてい入札で決まるので、落札するためには表示価格を低くする。どこにそのシワ寄せが行くかというと、個々のネイティブ教員の報酬です。それで何年か前、ネイティブの先生たちが「搾取された」と一斉にストを起こして派遣先の小学校に来なくなった、という事件もありました。

斎藤　あとは無断欠勤とかね。本当に優秀な先生もいることは確かですが、しかし先生が無断欠勤してしまうとしたら、もう教育とは言えないですよ。

ちょっと話が飛びますけれども、今、夏目漱石の英語学習について書こうと調べものをしているんです。漱石はもともと英語教師ですから、日本の英語教育はこう改革したほうがいい、などという文章も書いているのですが、そのなかで、いかにインチキ英語教師が多いかということも書いている。そういうものを読むと、やはり昔から優秀な教師ってそれほど多くはなかったんだな、と思うんです。我々はつい、昔の方がよかったみたいな議論ばかりしてしまうのですが、やはり、日本の英語教師は、常に質の確保が難しくて大変だったと思いますね。

鳥飼　明治時代の小学校での英語教育については、岡倉由三郎《よしさぶろう》（英語学者。岡倉天心の弟。一八六八～一九三六年）が文章を残していますね。「日本語の習得すら不十分な小学生に外国語を教えるのは弊害が少なくない」「外国語教授に十分な支出ができないので、不適当な教師しか雇えない」*と、やはり英語教師の質の確保の難しさを書いています。

斎藤　そうなんですよ。

*岡倉由三郎「外国語教授新論」『教育時論』連載（一八九四年）

通信講座で英語の先生になれる？

斎藤　でも、確か文科省は、小学校英語の「教科」化に向けて、小学校で英語を教えることができる専門家を一〇〇〇人ほど養成すると発表していましたよね。

鳥飼　「養成」と言っても、小学校にいる教諭の中から希望者を募ると学校現場で聞きました。すでに二〇一九年度予算案で、そのための財源は計上されたはずです。でも報道によると、財務省が「予算補助を受けられるのは、新規採用する小学校教員の半数以上が英検準一級相当以上の自治体のみ」などと言い出したため、「そんなのは無理だ」という批判があった。あれはその後、どうなったのでしょうか。現場で、どういう教員を選んで専門家にするのか、実態を知りたいですね。

斎藤　教える側の条件が整っていないのにもかかわらず、小学校英語を本格的な「教科」にしてしまった。なぜこうも、すべてが見切り発車なのでしょうかね。改革派はなにかというと「スピード感を持って」と言う。しかし教育改革に最も必要なものは「スピード」ではないでしょう。

鳥飼　「大学入試改革」も「小学校英語」も根っこは同じですね。熟慮しないで、拙速に見切り発車する。慎重に治療方法を検討しないで応急処置と対症療法ばかり。困ったものです。

小学校の英語教科化について、文部科学省は応急処置として、小学校の先生に大学の教職課程で短期の認定講習を受ければ、中学校の英語教員免許を取れるようにしています。これに対しては、「短期研修だけでは無理」という意見もあり、受け入れる大学側も大変です。

もう一つの対策が、退職した中学の英語教員の活用です。しかし、現場の話を聞いてみると、中学校での教え方をそのまま持ち込む人が多く、子供がついていかない、という声も聞きます。

三つめは、英語の専門家とされる人たちに特別免許を出して教えてもらうというもの。これはJ－SHINE（小学校英語指導者認定協議会）というNPO法人が関与しています。

小学校で英語を教えたい希望者はまず、民間の英会話学校や通信講座など「J－SHINEの認定を受けた登録団体」が主催する「指導者養成講座」を修了し、その団体から推薦を受けます。それに基づいて、J－SHINEから「小学校での英語活動・英語教育を行う上で、必要な知識と技能を有し、児童英語教育指導者として十分な能力を有する」と認められると、「小学校英語指導者」の資格が与えられます。

資格には、指導経験時間や英語力によって数種類ありますが、「小学校英語指導者」が「J-SHINEの認定する資格すべての基本」の資格で、研修講座の修了に加えて「指導時間五〇時間以上の実施経験」と「英語で授業が行えること」が必要とされています。こうして認定者はJ-SHINEのデータベースに登録されることになります。

J-SHINEは「小学校もしくは教育委員会からの指導者紹介依頼は随時受け付けています」とのことで（公式ホームページより）、すでに「認定証をもらったので、小学校で教えています」という人たちが、たくさんいます。

斎藤　そんな短期間の養成講座や通信教育で免許を取った先生では、頼りないですよね。

これは小学校に限らないことですが、日本では多くの教員の英語力がまだまだ不十分です。とりわけ近年は、読み書きをあまりやらせないから、若い先生は文法を知らないこともある。だから、どういう教材を使ってどういう教え方をするかというような、教授法や技術論に走りがちになる。特に小学校の外国語活動は、先生の英語力を問うのはタブーだから、子供を動き回らせて楽しくやっていればいいとされてきた。

鳥飼　五・六年生向けの検定教科書の多くには、発音を教えられるようQRコードが付いていて、タブレットをかざせば音が出るようになっています。

斎藤　本来、それじゃダメですよね。ほかにも、タブレットを使った授業などテクノロジーに走る向きもある。先生も忙しくて英語の勉強をしている暇がないというけど、本末転倒ですよ。子供にしてみれば先生は先生ですから、教えられたことを真似するわけです。英語を教えるなら、まずは英語を身につけなければ。

日本から英語教師がいなくなる？

鳥飼　でも文科省は、教員研修をやってはいるんです。たとえばブリティッシュ・カウンシルに英語教員研修を委託している。

さすがに全教員に講習を受けさせる予算はないようで、地域の拠点校から選ばれた先生たちが通称「ブリ・カン」研修を受け、それぞれが地域の主だった先生たちに研修内容を伝える。次に、その教わった先生が、自分の学校で他の先生たちに伝える、というやり方です。私がこれを「ネズミ講方式」と呼んだら、憤慨した人がいたので（笑）、今は「伝言ゲーム形式」と言い直しているのですが、こんな方法で本当に末端にまで伝わるのか、あやしいですよね。

「ブリ・カン」の研修を受けた教員のワークショップを見学したことがあります。和気あいあいとやっていて、「自分は生きた英語を学んでいるんだ!」という高揚感が感じられました。ただ、その時の内容は、お決まりの「自己紹介」と「道案内」でした。

斎藤　なんでしょうね、その共同幻想みたいなものは。ネイティブの教師に教わること自体はもちろん悪いことではないのですが、それを次に伝えるという時点でもう「伝わってない」ですよ。ネイティブの英語と初心者の教師との間には、天と地ほどの差があるわけだから。

鳥飼　英語の指導方法の研修というよりは、先生たちの英語力をつけるための練習のような印象を受けました。英語教師の英語力はもちろん必要なのだけれど、多額な税金を使っているのに、そんな研修をやってどうするの、他に中学校の英語教育や、少人数クラスの実現など、学校教育全体の環境改善もあるのに、という気がしました。

教育環境の劣化

斎藤　いずれにせよ、小学校教育に英語を導入すること以前に、現在の学校のあり方自体がまず問われなければいけませんね。

鳥飼　教員志望者が減っているのも心配です。職場としての学校の環境があまりにも悪いので、教職課程をとる学生が減っている。あるいは、途中で嫌になって履修をやめてしまう。教育実習で学校での勤務実態を知って、ブラック企業みたいだとショックを受ける。なんとか教職課程を終えて免許を取った少数の学生も、民間企業に行ってしまう。そうすると、教員採用試験の倍率が下がるんです。

ある大学の先生が「英語がまるでできない学生が中学の英語教員として採用になっちゃった。大丈夫ですかね」と心配していて、思わず「大丈夫じゃないですよね」と答えてしまったんですけど。

斎藤 二〇一九年度の全国の公立小学校の教員採用試験の倍率は、二・八倍で過去最低だそうですよ。二〇〇〇年度には一二・五倍あったのに（いずれも文科省調べ）。これでは教育の質が維持できない。給料をもっとよくして、質のよい教員を増やす必要があります。

鳥飼 少なくとも、教員が勉強する時間を取れるようにしなければ。

斎藤 昨今では、教師の権威も落ちていますしね。ここではさんざん、小学校英語の拙速な改革について批判してきましたが、確かに教育を受ける子供たちも被害者ですが、先生たちも同じく被害者なんですよね。

鳥飼 本当に。小学校の先生たちはすでに多忙なのに、そこに英語が入ってきて、教科としての英語の初年度が二〇二〇年四月から開始です。ところが、今はコロナ対策で手一杯。予定されていた研修も実施できず、授業準備の余裕もない。いったいどうなることか心配です。教科としての英語の開始を遅らせられると良かったのですが、そうはなりませんでした。せめてあの盛りだくさんの検定教科書を整理して学習材料を減らさないと、先生も子供たちも潰されてしまいそうです。

入門期の手ほどきこそ大切なのに

斎藤　そもそもこの一連の改革は、すべて素人のような考えから始まっているんですよ。たとえば岡倉由三郎のような、きちんとした学者が意見を言う時代ではなくなって、今は、政財界が発言力を持ってしまっています。先に夏目漱石の話をしましたが、「抜本的改革」なんて言いますけど、小学校の英語教育なんて、明治時代からやっていたわけです。

鳥飼　で、やってみて失敗したんですよね。

斎藤　何度も失敗して、「こんなことに時間をかけても無駄だ」ということであきらめた歴史を忘れて、またしても「小学校から教育すればなんとかなる」という発想が出てくること自体、本当に情けない話です。

鳥飼　いずれにせよ本来、入門期にあたる小学校にこそ、最高の人材を投入する必要があるはずです。小学生は吸収力があるだけに、真っ白なところに、良いものも悪いものも刷り込んでしまうことになるわけですから。

斎藤　そもそも、一般的な技芸については、入門期の手ほどきこそ大切だと、誰もが知っているはずですよね。なのになぜか、英語は違うと思っている。英語は言葉だから、シャワーのように浴びて自然に学ぶものだと思っている。しかし、それは誤りなんですよ。英語を学ぶには、お稽古事と同じように、初歩から一つ一つ、文法や技術を身につけるしかない。

鳥飼　ピアノだって、そうですよ。

斎藤　ピアノ曲をシャワーのように聴いても、弾けるようにはならない。それどころか、今の小学校では、そのピアノやバイオリンさえ上手に弾けない先生が教えているようなものでしょう。むちゃな話ですよね。

鳥飼　これまでの小学校英語は、正式な教科ではない「活動」だったから、まだ許された部分もあった。授業参観で見てみれば「大したことはやってないな」とわかるけれど、「ま、楽しそうだからいいか」という程度の感想ですんでいた。

でも、今度は「教科」ですからね。すでに保護者の間には不安感が高まりつつあります。子供たちが実際に受けている授業を目の当たりにすると、「ちょっと待って！」という声が広がってくるのではないでしょうか。

斎藤　おそらく大学入試改革と同じくらい、あるいはそれ以上に大変な混乱を招くのではないでしょうか。

英語教育改革は、なぜ間違うのか？

斎藤　冗談のような話ですが、今度の改革は、ある政治家が「国際会議のパーティに出ても、自分は英語で話せない。中学・高校と六年間も英語をやったのに悔しい。そんな英語教育は見直すべきだ」などと言ったことが発端だとも聞きます。でも、パーティでしゃべるってけっこう難しいですよね。

鳥飼　「パーティで英語を話せない」と自嘲《じちょう》したのは、自民党教育再生実行本部長だった遠藤利明議員ですが、その発言の頃には、すでに民間試験導入への道は地ならしが進んでいました。この発言は有名になりましたけど、実は日本語でだって、雑談は難しい。

斎藤　そういう英語がしゃべりたいのなら、そのための訓練をしなければ。これを言ってはおしまいだというくらいの根本的なことですが、日本語を母語にしている者にとって、英語はものすごく難しいんです。英語ゲームをして高揚感を感じたり、歌を歌ったりするだけで身につくものではない。正しい指導のもとで、個人的な努力を、時間をかけて地道に積み上げていかないと身につかない。残念ながら、学校教育だけで高度な英語力を身につけたという例を、私は知りません。これは英語だけでなく、ほかの教科や技芸全体にも言えることだと思いますがね。

鳥飼　英語と日本語は、音声や文の組み立てはもちろんのこと、論理構成も発想法もコミュニケーションのスタイルも、ありとあらゆることが違う。簡単にできるようになるはずがありません。文法を学ぶのは、英語という言語の組み立て方を知ることなので、時間はかかりますが、無駄ではない。文法を知らないということは、ルールを知らずにスポーツをするようなものです。ただし、教え方には工夫が要ります。

英語教育の歪みの原点は

斎藤　これまで話してきた大学入試改革の一環としての英語民間試験導入や、小学校英語の教科化など一連の教育改革は、結果的に大きな混乱を招いているわけですが、その原点はどこにあるのか。
その基本方針となったものを遡《さかのぼ》ると、経団連による二〇〇〇年の意見書「グローバル化時代の人材育成について」と、それを引き継いだ文科省による二〇〇二年の「『英語が使える日本人』の育成のための戦略構想」で言われていることが、ほとんど盛り込まれているわけですよね。

鳥飼 さらにその大筋を辿《たど》っていくと、一九八六年の臨教審（臨時教育審議会）第二次答申に行き着きます。その前年の第一次答申では、大学入試改革について「共通テスト」が提案され、TOEFLも言及されています。

臨教審は、当時の中曽根康弘首相が作った審議会で、ここから、教育が政治主導になった。第二次答申の「外国語教育の見直し」のなかに、「英語教育の開始時期についても検討を進める」という一文を入れる提案をしたのは自分だった、と小池生夫・慶應義塾大学教授（当時）は語っています。[*1]

小池氏によれば、臨教審でヒアリングを受けた際に、小学校への英語教育の導入を主張した結果、先の一文が入り、これが「今日までの英語教育の基本方針のスタートになった」とのことです。

斎藤　小学校英語については、そこに原点があるわけなんですね。

鳥飼　臨教審提言を受ける形で一九八九年、学習指導要領が改訂されて、英語教育は「コミュニケーション」という名の「会話」重視に大きく変わりました。

それからもう、三〇年以上が経っているのに、「高校中級程度」のレベルだとされている英検の準二級、またはそれ相当以上を取っている高校三年生は、全体の半分にも満たない。[*2] 新入生の英語基礎力が落ちているというのは、多くの大学で耳にする認識です。国立大学でさえ、補習コースを設けて中学レベルの英語をやり直していたりする。成果があがっていないのが明らかなのに、どうして方針を見直さないのかと思いますよね。

斎藤　逆に会話を重視するあまり、文法を十分に教えてこなかったから、むしろ読解力は落ちている。かといって、話せるようになっているかというと、なっていない。

鳥飼　発音も改善されていないし、リスニング力も上がっていない。「センター試験にリスニングを入れれば、受験生のリスニング力が上がるはずだ」という主張もありましたが、導入後、効果があったという話は聞きませんよね。「センター試験にリスニングを導入しても、リスニング対策を生じさせただけで、英語力は向上しなかった」という論文[*3]を読んだことはありますが、センター試験のリスニングテスト導入前と導入後を比較した統計調査はあるのでしょうか。詳しい検証は行われていないような気がします。

斎藤　私の実感としても、総体として学生の英語力は、逆に落ちてしまっている。

＊1　鳥飼玖美子『英語教育論争から考える』みすず書房（二〇一四年）九六～一〇〇頁

＊2　文科省　平成三〇年度「英語教育実施状況調査」

＊3　高松正毅「2020年の高大接続改革を批判する」高崎経済大学論集第六〇巻第四号（二〇一八年）二九七～三〇七頁

「高大接続」問題

鳥飼　大学入試改革の背景には、政府あるいは文科省が課題としてきた「高大接続」があります。

「高大接続」というのは、「高校教育と大学教育の接続」という意味です。この改革を主導する文科省は、「高校教育をいくら改革しようとしても、大学入試が変わらない限り、高校は変わらない。だから、高校と大学の『接点』である入試を改革するのが不可欠である」という考えでしょう。

斎藤　そうですね。一方で、「大学の入試によって、生徒は一点刻みで一方的に評価されてしまう。そんな試験で振り分けることを目的とせず、もっと生徒の高校での取り組みを正当に評価するべきだ」という主張もあるわけです。それがつまり本来の、高校と大学をきちんと「接続」する高大接続改革であると。

ところが、そこに「今の高校生は日本語の読解力が不足している」だの、「グローバル時代の『英語が使える』日本人を育てよ」だのという、余計な主張が流れ込んでくる。高大接続のための入試改革だと言いながら、これまでのいろいろな恨みつらみが、どっとそのなかに組み込まれてしまった。その結果、大学入試のために高校も大学も振り回されることになってしまったわけです。

しかし、たとえば東京大学は、民間試験活用について出した基本方針*で、なにも民間の認定試験にこだわる必要はない、高校側が「この生徒は『CEFR』でA2以上の力は確実にあります」などと保証してくれればいいですよ、ということを示した。「高大接続」というなら、これが本来的には一番いいわけです。もちろん、英語以外にも言えることですがね。

鳥飼　東大の方針は、「日常的に高校生を見ている英語教員なら、きちんとした評価ができるはず。高校教育の現場を信頼してますよ」というメッセージでもあったわけでしょう。

斎藤 そうです。

鳥飼 ところが、高校側がそれを誤解した面もあったようです。生徒の英語力を証明しろと言われても困る、などという意見もあって残念でした。普段の授業の様子を見ていたり、期末テストの結果を見ればわかるはずだと思うのですが。

斎藤 そう。そうした意味でも、本来の高大接続で目指すべきなのは、「大学は高校を信頼し、高校は自信を持って生徒を評価する」という関係性の構築でしょう。だから民間試験の導入如何などというのは、「高大接続」という観点からしても、およそ本質からかけ離れたテーマでしかないのです。

＊東京大学入試監理委員会「2021年度東京大学一般入試における出願要件の追加について」（二〇一八年九月二五日）【https://www.u-tokyo.ac.jp/content/400099890.pdf】

フェンシングに英語は必要か？

斎藤 ところで今、日本ではさまざまなところで、必要以上に英語力重視が叫ばれています。「英語ができる人が増えれば国際化が実現できる」「日本のグローバル化を早めることができる」「世界で活躍できる人材がどんどん出てくる」などという言葉に踊らされている。
しかし、たとえば野球のイチロー選手でも松井秀喜選手でも、野球の技術が優れているからアメリカのメジャーリーグで活躍できたのであって、決して英語がうまかったから活躍しているわけではないですよね。

鳥飼　ノーベル賞だってそうですよね。英語が上手だからノーベル賞を授与されたわけではなく、研究が優れているから評価された。ふつうに考えればわかる話だと思うのですが、英語のことになると冷静ではいられないようです。
学生への英語のプレッシャーも強まっています。たとえば、千葉大学は二〇二〇年度から、国立大学として初めて入学者全員に海外への留学を義務付けたそうです。「在学中に最低一度、二週間から二カ月間」と短期ですので、実際には、ちょっと海外を見てみるくらいのものでしょうけどね。ほかにも入学後の四月に「全学部生にTOEFLを実施」することとし、まずは医学部から、いずれは他学部でもTOEFLを進級の判定に使うとのことです（「朝日新聞」二〇一九年七月二八日付朝刊）。そうすると、専門分野で高い能力を発揮する学生でも、英語で切り捨てられることにならないのだろうかと、懸念を持ってしまいます。

斎藤　冗談のような話ですが、日本フェンシング協会が「二〇二一年以降に行われる世界選手権の日本代表選考基準に、英語の試験成績を導入する」というニュースを見て、驚きました。

鳥飼　私もびっくりしました。

斎藤　フェンシング協会の決定は極端な例かもしれませんが、大学の教員採用でも同じようなことが起きています。英語で大学を国際化しようという発想のもと、教員採用の際に、専門性よりも英語ができるかどうかを重視する傾向にある。しかし、英語ができる人が必ずしも一流の専門家というわけではないから、学校の研究力が上がるわけではない。

鳥飼　英語教育分野も同じです。英語教育なのだから英語ができないと困るのは当然ですが、だからといって英語教育の専門家でなく、ただ英語が話せるだけの教員では、学生の英語力を上げることにはならない。

斎藤　そう、共倒れになってしまう。

「英語での授業」が必須になると……

斎藤　英語「の」授業ではなく、英語「で」授業をするようにという流れも強まっている。中学校は、二〇二一年度から正式に、英語の授業を「英語で」行うことになっています。

鳥飼　そうです。高校は現行の学習指導要領で「英語の授業は英語で行う」ことが基本と明記されているので、一足早く英語での授業を実施しています。

斎藤　でも、文科省も逃げを打っているところがあって、「授業を実際のコミュニケーションの場面とする」ために、授業を英語で行うことを「基本とする」という。「基本とする」ですからね。つまり、すべての授業を英語でやるようにとは言っていない。しかし、その文言が学習指導要領に入っていれば、やはり各校の先生方は真面目だから、みんな英語でやらなければいけないと思ってしまう。研究授業などでも、その文言があるものだから、普段は日本語で授業をやっている先生でも、研究授業だけは英語で頑張ってみたりね。

鳥飼　文科省の教科調査官に、英語で授業をすることが極めて重要だと信じている方々がいました。全国を行脚して「これは法律だから守らなければいけない」「英語でやらなければ法律違反だ」とまで指示していたと聞いて、私は「学習指導要領は大臣告示であって、国会で決める法律ではない」とあちこちで説明しました。

斎藤　私は大学で、学部学生向けの「英語教授法・学習法概論」という授業を持っているのですが、毎年そこで学生に、小学校から大学までの英語学習の履歴を聞いています。彼らの世代は、すでに高校の先生方が「英語で授業をしなさい」と言われてきた世代なんですよ。ところが、高校の授業を英語で受けていたなどという学生はほとんどいない。学校の現場は賢いですからね。先生方は、そんなことやったって英語力が身につくはずがないとわかっている。だから英語で授業などやらないわけですよ。九割がたの学生は、やはり「文法や読解を中心にやってきました」と答えます。

鳥飼　東大、京大や一橋、あるいは医学部などへの進学率が高い学校の場合には、授業を英語でやらなくても、あんまりお咎《とが》めがないらしいですよ。

斎藤　そうですか（笑）。

鳥飼　ダブルスタンダードですよね。ほかにも地方によって、教育委員会レベルでも対応が違っているのかもしれません。

斎藤　私は講演会などでも文科省の英語教育政策を批判することがあるので、文科省寄りの中学・高校からは呼ばれないんです。呼ばれるところは地方の県立の、いわゆる進学校が多いんですよ。そういうところの先生方はわかっていて、「英語で授業なんかしてもしようがない、やる必要はないです」と言い切っている。結局、高校時代に英語力を身につけてくる学生は、やはり今でも地道に、きちんと文法や読解をやってきているわけです。

英語で「自己植民地化」する日本人

斎藤　大学も、「スーパーグローバル」だかなんだか知りませんが、どうしてそんなに、授業を英語でやらなければならないのか。仮に英語で授業をするにしても、どのレベルの英語でやるのかという問題もある。どんなに専門分野に優れていても、英語で授業ができない人もいるし、学生だってすべて理解できるわけではないから、明らかに教室での授業の効率は落ちるわけですよ。

鳥飼　いくら専門分野で立派な先生だとしても、英語で授業をするとなると、日本語で行う場合に比べて六〇パーセントくらいの内容になってしまうこともあるでしょう。学生も、英語で聞けばそのぶん理解度が落ちる。結果的に、日本語で教えたときに一〇〇の内容があったとして、英語で授業をすると、学生たちは二、三〇パーセントしか理解できないかもしれない。効率が悪いですよね。

斎藤　しかもこの試みには、留学生を呼び込みたいという下心もある。しかし、留学生を増やそうとして、いま目の前にいる日本の学生を犠牲にするわけですからね。本末転倒もいいところです。

どの大学が「スーパーグローバル」を目指しているか、日本学術振興会のサイトなどで見ることができますが、それぞれ「何年度までに理系の授業をすべて英語にします」などというような、驚くような方針を出している。

鳥飼　教員だけでなく、事務職員についても「何パーセントをTOEIC何点まで引き上げます」とかね。信じられないようなことになっています。

それに海外からの留学生のためといっても、英語ができる学生は英米の大学に行く。だから、日本に来る学生に対しては、むしろ日本語教育を充実させるほうがよっぽど親切です。その上で、内容のある授業を日本語で聞かせるほうが、はるかにいいはずです。

斎藤　本当にバカバカしい話で、これでは英語による「自己植民地化」ですよ。すなわち日本を、自ら進んで英語話者の植民地にするようなものです。

鳥飼　私が嫌だなぁと思ったのは、国際系の学部では暗黙の序列があると聞いた時です。一番上がネイティブ・スピーカーで、その次がネイティブ並みに英語を話せる海外からの帰国生。日本生まれ日本育ちは純粋なジャパニーズだから「純ジャパ」と呼ばれて最下位。これは教員であっても同じで、いくら英語で授業をしても「純ジャパ」の先生は低いランクなのだそうです。中身がどうであれ、ネイティブ・スピーカー教員の方が上。学生でもネイティブ・スピーカーの方が純ジャパ教員より上位。そんな序列が学生の中にできあがっていて、それが手に取るようにわかるので、不快だと嘆いている先生がいました。

斎藤　英語が下手な教員の講義だと、帰国子女などはバカにするから、英語が下手な先生のところにはだんだん人がいかなくなるらしいですね。

鳥飼　もったいない話ですよね。素晴らしい内容の講義かもしれないのに。ちなみに、政府はすでに、国家公務員の採用に英語民間試験を活用していますし、地方自治体でも、職員の採用にTOEICやTOEFLのスコアを求めるところが増えています。

たとえば国家公務員試験の総合職では、二次試験（人物試験）の際に、英検、TOEIC (listening and reading)、TOEFL iBT、IELTSのスコアを提出すると、総合点に加算されるようになっています。*

*加点の例としては、英検は準一級以上なら二五点、TOEICは六〇〇点以上なら一五点、七三〇点以上なら二五点、TOEFL iBTは六五点以上なら一五点、八〇点以上なら二五点加算など。

英語だけでノーベル賞はとれない

斎藤　日本のマスコミは、何かとイギリスの教育専門誌『タイムズ・ハイアー・エデュケーション』の世界大学ランキングの話題を取り上げます。そのたびに、「ランキングの上位に日本の大学が入っていない。その理由は『国際化』が遅れているからだ」と大騒ぎします。でも、このランキングを作っている母体が『タイムズ』というイギリスの保守系の新聞であることは、ほとんど触れられていません。だから、オックスフォード大学やケンブリッジ大学がトップに来るのは当たり前なのです。

このランキングでアジアの上位に来るのは、中国を除けば、その多くは英国の旧植民地です。だから当然、英語力が高いですよね。

鳥飼　その中国は今、猛烈な勢いで各国から教員や研究者を招聘《しょうへい》しています。英語教育分野や通訳・翻訳研究でも、名だたる人たちが中国の大学の要職についているんです。

斎藤　そう、英語圏の人間からすれば、中国は「いいお得意様」ですからね。中国の大学がランクの上位に置かれるのは、そういう事情もあるわけです。

しかし、英語力さえ高ければいい大学なのか。実際、日本が目指していると思《おぼ》しきシンガポールなどの大学からは、ノーベル賞受賞者は出ていないですよね。

鳥飼　ノーベル物理学賞を受賞した益川敏英・京都大学名誉教授は、英語が大嫌いで、物理の本を読んでいる方が楽しかったとのこと。授賞式でのスピーチも日本語でした。中国と韓国に招かれた際、日本がノーベル賞を次々に取るのはなぜかの答えが「日本語で最先端のところまで勉強できるからではないか」「自国語で深く考えることができるのはすごいことだ」と言われた、と語っています。（「朝日新聞」二〇一四年一一月二六日付朝刊）。

斎藤　言うまでもなく、日本は世界に冠たる翻訳大国でした。ノーベル賞を受賞する日本人がこれほど多い背景には、明治以来、外国語を翻訳して、その文化や技術を日本語で咀《そ》嚼《しゃく》する高度な文化があったことを忘れてはいけません。英国の植民地だった国と違って、日本は母語の文化が強いんです。ほかにノーベル賞受賞者を輩出している国、たとえばドイツ、フランス、ロシアなどもそうですね。

鳥飼　明治時代の日本人が、翻訳によって欧米文明を学び、日本語で海外事情を知ることができたことは、日本の近代化に大きく貢献したのですよね。これぞという外国語の書物を買い込んで、かたっぱしから翻訳していった当時の様子を知ると圧倒されます。

それを思うと、ここ三〇年の政策のように「英会話、英会話」と前のめりになるばかりでいいのか。中途半端に英会話ができる学生が出てきても、専門分野で卓越した人材は育たないのではないかと危惧しています。

もちろん、理工系の学生にこそ英語が必要なことは事実です。研究論文は英語でないと海外の学術誌に投稿できないし、国際会議での使用言語はほぼ英語です。ただ、そこで必要なのは、専門分野で英語文献を読み、英語で論文を書く能力です。

私は二〇〇〇年に、文部大臣諮問の「英語指導方法等改善の推進に関する懇談会」という会議の委員をしていたのですが、その席で、ある理系の委員が「会話だけ教えても理系には意味がない。書けるようにしてほしい」と強く主張していました。

でも今の日本で、政府も経済界も躍起となっているのは、「しゃべれる英語」です。それも本来的な意味でのコミュニケーションというよりは、日常英会話です。これを小学校三年生から大学卒業まで延々と続ける。そんなことをしていたら、これからの時代に必要な思考能力は育たないのではないでしょうか。

民間業者任せでいいのか？

鳥飼　第一章で、さんざん大学入試改革を批判しましたが、民間業者が存在感を増しているのは、大学入試ばかりではありません。

たとえば、ベネッセは膨大なデータを持っているんですね。日本の高校生はほとんどがGTECを受けていますから、そのデータを分析して全国の高校や大学にアドバイスしています。ベネッセの社員は各種のデータを持参してアドバイスしてくれるので、あれがなかったら進路指導ができない、という高校の先生たちもいるくらいです。私立大学も、生き残り戦略を立てるのにベネッセに頼っているところが多いんです。

斎藤　それぞれの高校は、自分たちの学校から生徒がどこに進学したかというデータしか持っていませんが、ベネッセは全国の高校のデータを持っているわけですから、強いですよね。また、ベネッセは東証（東京証券取引所）第一部に上場しています。株主への配当を強く意識しながら教育事業を行うことは、難しいのではないでしょうか。

鳥飼　二〇一四年に顧客の個人情報漏洩が発覚して以降、主力の通信教育事業が不振になったこともあって、大学入試に力を注いでいるのかもしれませんが、収支を考えたら厳しいのではないでしょうか。

斎藤　しかも、上場企業はふつう四半期決算ですから、三カ月に一度、決算を出す。三カ月ごとに儲かっているかいないかとチェックされたら、教育なんて無理なんじゃないか。決算を出して赤字だったら株主は文句を言うでしょうし、それに対応しなければならないということはないんでしょうかね。

鳥飼　不採算部門は切り捨てるとなると、英語教育ビジネスが潤うほうに、どんどん引きずられかねない。でも、それを支えているのは一般の人たちの「これからはグローバル社会だから英語をしゃべれなければ困る」という思い込みと、「わが子には英語がペラペラになってほしい」という願望。それがあるからここまで英語産業が伸びてきたわけですね。

高価な教材は必要ない

鳥飼　やはり英語は、お金になるんです。英語教材の販売合戦は、幼稚園の時代からはじまりますから。

先日、幼稚園児のお母さんたちの話を聞いたら、「○○という英語教材がいいらしいけど、すごく高くて何十万円もする」と悩んでいる。「でも、早くから英会話をはじめておかないと、小学校になってからじゃ子供が追いついていかれない」と言うんです。「あの人も持ってる、この人も持ってる。ウチだけ持ってない」という焦りですよね。

斎藤　親を焦らせて買わせようなんて、なにかの通販番組じゃないんだから（笑）。

鳥飼　幼稚園も少子化で園児が集まらないので、カリキュラムの〝売り〟として英語教育をはじめる。しかし、幼稚園の先生で英語を教えられる人はいないので、ネイティブ・スピーカーを派遣してもらう。そうすると派遣業者が潤う。親には教材も買わせる。こうして幼稚園も英語教育産業にとっては絶好のビジネスになる。

私たちがいくら批判してもどうにもならないのは、結局、こうした巨大な英語産業が絡んでいるから、この盛況にブレーキをかけられては困るんだろうなと思いますね。

斎藤　ダイエット商法と同じだと言う人もいます。ダイエットも結局、業者ばかり潤って成功する人は少ないままです。ダイエットに成功する人は、商品を買った人ではなく、自分で努力した人だけでしょう。

英語教育業者がさまざまな商法を繰り出しても、結局、日本人の英語力は向上していない。英語ができるようになっているのは、昔から、同じ割合の同じタイプの人だけです。つまり、自分でコツコツ努力する人たちなんです。

鳥飼　本当にそう。親はよく、「自分の子供には英語で苦労させたくない」と言いますが、外国語を習得しようというときに、何も努力しないで習得できると考える人は、まともに英語に取り組んでいないということでしょう。英語に真正面から向き合って勉強した人は、それがどれだけ大変かわかっています。ただし、努力すれば少しずつ進むということもわかっている。

斎藤　高額な教材を買ったり、塾に行ったりするのは必須条件ではない。たくさん英語を読んで、辞書を引いて、吹き替えでないオリジナルの映画やドキュメンタリーなどを見て、一生懸命勉強すればいいんですよ。世の親御さんに言いたいのは、とにかく「うろたえるな」ということです。

語学のプロ「通詞」の勉強法

斎藤　先に話題となったとおり、一連の英語教育改革によって、学生の英語能力はむしろ落ちてしまっています。

その理由の一つは、日本人、あるいは日本語を母語とする人間にふさわしい学習法というものがあったのに、あるときからそれを否定してしまったからです。

歴史を遡ると、江戸幕府には「通詞《つうじ》」と呼ばれる公式な通訳・翻訳担当の役人がいました。彼らは、いわば語学のプロ集団だったわけですが、その外国語教育法は、最初は文典を叩き込み、素読・読解をさせ、それができるようになって初めて、母語話者と会話をさせる、という順番のものでした。彼らはこれを何代にもわたって受け継ぎ、実践してきた。

鳥飼　通詞には「唐通事《とうつうじ》」といって「じ」の字が異なる表記の中国語通訳・翻訳者もいたのですが、こちらは先祖が中国の福建省から渡来した人たちが多いようです。オランダ語が専門の和蘭陀通詞の場合は日本生まれ日本育ちで、幼い頃からオランダ語の基礎を学んで、一〇歳くらいになるとオランダ商館に通って習ったようです。男子の世襲でしたが、後継ぎが語学に向いていない場合は、他家から養子を迎えることもありました。

斎藤　そうですね。そういう意味では確かに、彼らは語学エリートだったのかもしれないけれど、それだけをもって、この勉強法の有効性を排除してはいけない。

　通詞に代表されるように、日本の語学の達人が実践してきた勉強法は、まずは文法と読解で力をつけて、その後で聴解や会話に進むというのが伝統的な流儀でした。

　ところが、いつしか「そんなやり方では話せるようにならない。文法や読解ばかりやらせてきた日本の英語教育は間違いだ」という主張が優勢になってしまった。こうした主張をするのは大抵、英語の専門家ではありません。経済界の重鎮だったり、政治力があって発言力が強く、英語にルサンチマンを持った人たちです。そして「おかしい、おかしい」という主張だけが通って、一連の改革が行われてきた。

鳥飼　明治時代の英語教育を振り返ってみても、現代につながる試行錯誤がずいぶんなされていますよね。

私が面白いと思ったのは、新政府の開成所・開成学校では明治二（一八六九）年、すでに「語学」を〈正則〉、「講読」を〈変則〉と呼び、学生を分けて指導していたことです。〈正則〉の生徒は、ネイティブ・スピーカーから発音や会話を学ぶのですが、〈変則〉の生徒は日本人教師から「訓読解意」（講読）を学んだ。

この両方の指導法を体験した新渡戸稲造（教育者・思想家、一八六二〜一九三三年）は、結論として、ネイティブから学ぶ正則教授法は「正しい発音はできても、知る価値のあることは少しも習得していない」と分析しているんです。そして、日本人の講読による変則教授法を、欠点はあるにせよ「正確厳密に意味内容を把握できる」と評価しています。*

こうした試みもあるのに、今では誰も参考にしようとしない。経済界や政界もそうですが、一般の人にも、「英語の読み書きはムダ、話せないと意味がない、ネイティブ・スピーカーに習えば英語が話せるようになる」という思い込みが根強くあります。今回の大学入試改革でも、不公平な制度は批判されたけれど、英語四技能の試験そのものについて一般の人から大きな反発がなかったのは、こうした理由からでしょう。

＊"The Use and Study of Foreign Languages in Japan", 1923

洗練されていた戦前の英語教科書

鳥飼　一九八九年の学習指導要領改訂以来、三〇年間、ずっと「会話」中心でやってきた結果、今は教科書の内容もペラペラに薄くなってしまいました。ところが戦前は時間数が多いうえに教科書も高度だった。これは太平洋戦争中も変わらなかったようです。

英語教育史が専門の江利川春雄（和歌山大学教授）さんに、当時の旧制中学校の検定教科書を見せてもらったことがあります。中学三年用では、戦時中なのに英国の国技としてラグビーやクリケットを紹介したり、四年生（今の高校一年）では、ミケランジェロの「最後の審判」やレオナルド・ダ・ヴィンチの「モナ・リザ」を取り上げたり。哲学のテーマではソクラテスが登場し、初の大西洋横断飛行の話題やオリンピックの話もある。内容が豊かで教養的なんです。英語自体も今の教科書よりはるかに洗練されていて、語彙数も多い。

斎藤　神田乃武《ないぶ》（英語学者・貴族院議員、一八五七～一九二三年）や、岡倉由三郎が作っていた頃ですね。

鳥飼　戦前、最も売れた教科書は三省堂の『キングスクラウンリーダー』でした。一九四三年版（『The New King's Crown Readers』）の発行当時、執筆者の神田乃武は亡くなっていたのですが、クラウンという名前はそのまま使われています。

斎藤　神田乃武も岡倉由三郎も、やはり教養面を重視しています。神田乃武は男爵だし、ちょっと格調が高い。岡倉由三郎も、外国語を学ぶのは、教養を身につけたり、外国文化を知るためだ、と言い切っている。そもそも英語を実用的に使うなんて考えてもいないし、できるとも思っていない。語学なんて、よほど努力しなければ実用には及ばないとわかっている。だから、英語教育はあくまで一般人に基礎的な教養を与えるためのものだ、という発想だったわけです。

平泉・渡部の英語教育論争

鳥飼　一九七五年には、参議院議員（当時）の平泉渉《わたる》（一九二九～二〇一五年）と、渡部昇一・上智大学教授（一九三〇～二〇一七年）の間で英語教育論争があり、国民的議論となりました（後に『英語教育大論争』として文藝春秋社から出版）。元・外交官で英語、フランス語、ドイツ語、ロシア語など多言語に長けていた平泉は、英語教育が実効をあげていないと考え、「外国語教育の現状と改革の方向――一つの試案」を一九七四年に自民党政務調査会に提出したものです。俗に「平泉試案」と呼ばれました。平泉の問題提起は「国民子弟の全てに対して義務的に課すことは妥当か」「外国語としてほぼ独占的に英語を選んでいる現状は妥当か」「成果を高める方法はないか」の三点でした。

英語教員は衝撃を受けたけれど誰も反論できませんでした。ところが猛反撃したのが渡部で、教養として英語を学ぶことを徹底的に擁護しました。

平泉の主張には七点ありますが、第一点目が、外国語は「膨大な時間をかけて修得される暗記の記号体系であって、義務教育の対象とすることは本来むり」というものでした。二点目は中学についてで、「世界の言語と文化」という教科を設けること、英語は中学一年修了程度まで「外国語の一つの常識」として教えることを提案。三点目が高校で、「外国語教育を行う課程とそうでないものを分離する」という案でした。五番目にその内容を説明しています。「外国語学習課程は厳格に志望者に対してのみ課す」「毎日少なくとも二時間以上の訓練と、毎年少なくとも一カ月にわたる完全集中訓練とを行う」という具体案です。

斎藤　ところが、その高度な実用スキルを持った人は全国民の五パーセント程度でいいと言ってしまったから、誤解されてしまった。政治家だから、つい数字を提示してしまったのかもしれないけれど。

鳥飼　いえ、それは誤解が広まった結果で、平泉の主張は違うんです。「試案」の最後のまとめで平泉が書いているのは、こうです。

「国民の約五％が、外国語、主として英語の実際的能力をもつことがのぞましい」「この目標が実現することは将来においてわが国が約六百万人の実用能力者を保持することを意味する。その意義は、はかりしれない」（原文ママ、傍線は筆者）

「英語をやりたい」と希望した高校生を特訓して、結果として英語が使えるようになる割合はせいぜい五％くらいだろうと、「歩留まり」のつもりで数字を出したのが、「できる人間だけ選別して特訓するのはエリート主義だ」と批判されてしまった。平泉さんに確認したら「志望者」と書いた通り、選抜するわけではない、ということでした。嫌でも全員が英語をやらされて英語を使えるようになるのは無理だ、という認識です。ご自身も外国語学習には相当の時間とエネルギーをかけて努力したようですから。だから提案の六番目で、「大学入試には英語を課さない」ことを主張しています。入試にあるからかえって英語を学ぼうという意欲を削《そ》いでしまう、という考えです。

斎藤　それに対して渡部の主張は、日本の英語教育では、万人が英語を使えるようにはならないけれども、基礎教養、知的訓練の一環として授ければいいではないか、という考え方ですね。

「教養か実用か」が問題ではない

鳥飼　でも実は、この二人は、根本のところではあまり違いはないんです。

斎藤　そこは大事なところですね。平泉はもともと外交官で、英語はもとより、フランス語もしっかり身につけている。渡部は英語の専門家。二人とも、語学がいかに難しいかということは百も承知です。だから、「すべての日本人が英語を十分に使えるなんてことはありえない」というのが前提になっていますよね。

したがって平泉は、あたかもすべての日本人が英語を話さねばならないというような教育を、若者に強いていること自体が無駄であると言っている。これは、藤村作《つくる》（国文学者、一八七五〜一九五三年）などと同じで、大正時代から昭和初期に起こった英語廃止論の理屈ですね。一部の英語好きが、好きなように研鑽してエキスパートになればいいではないか、という論法です。一方の渡部は、せいぜい英語の基礎的なところを教養として、万人に授けるという方針で臨めばよいと言っている。でも出発点は、英語は日本人にはとてつもなく難しいという認識です。ここは同じなんですよ。

鳥飼　そう。それともう一つ誤解されているのが、「実用」という用語です。渡部は「教養としての英語」を主張し、「実用としての英語」を提案した平泉と対立したという図式になっていますが、実はそうではない。二人が半年間、オピニオン誌『諸君!』で続けた論争を読むと、平泉が言っている「英語の実用能力」とは、今でいう「四技能」なんです。「よんで、書いて、はなして、きく、という人間のコミューニケーションの手段としての言語の使い方を一応こなせる能力」(原文ママ)、英語でいう working knowledge だと説明しています。平泉によれば、日本人の英語は「会話能力が欠如している」だけでなく、「ほとんど読めず、書けず、わからないというのが、いつわらざる実状である」という分析です。

斎藤　今の英語教育改革派の人たちは、この認識すらできていない。日本人が英語を使うということは、すでに述べてきたとおり、言語的な距離の問題もあるし、日本語という言語の母語としての「強さ」もあるし、いろんな意味で難しいんですね。とてつもなく難しい。その「難しいのだ」という認識では一致しているんです。

鳥飼 それにしても、あの半年間にわたる二人の議論を読み直すと、今、誰がこれだけ真剣な議論をしているだろうかと思います。

大学入試改革推進派は、「四技能が大事だから民間業者を入れよう」と言うだけで、本質的な視点からものを言う人は誰もいない。斎藤さんも私もボールは投げているのだから、食いついてきて反論してくれたらいいと思うんですけど……。

斎藤 全然返ってこないし、返せるだけの論理もないんでしょうね。ただ、「四技能、四技能」と言うだけでね。本当に情けない。

鳥飼 それぞれ見方は違っても、本当に四つに組んで、英語を学ぶとはどういうことかを議論すればいい。やはり、平泉渉さんと渡部昇一さんの二人が外国語教育のあり方についてとことん交わした議論は、教育と言語の本質を突いていて、すごいなと、改めて思います。

斎藤 完全に忘れ去られているのが、実に残念なことですね。

参考：鳥飼玖美子『英語教育論争から考える』みすず書房（二〇一四年）

第五章　カタカナ語を活用した英語学習

鳥飼玖美子

カタカナ語とは何か?

カタカナ語は現代日本社会で氾濫《はんらん》しています。カタカナ語は、外来語であることを示しますが、和製英語にも使われます。「外来語」は、外からやって来た「他の言語から借用し、自国語と同様に使用するようになった語」です。[*]日本の場合、広義には漢語も含まれますが、狭義には主として欧米諸国から入ってきた語を指します。

「カステラ」「ズボン」「ボタン」「ブリキ」など、ポルトガル語、スペイン語、オランダ語、フランス語、ドイツ語などに由来する語が多いのですが、アラビア語が起源の外来語もあります。外来語なのだけれどカタカナではなく、漢字表記になっている「瓦《かわら》」や「襦袢《じゅばん》」などもあります。

近年はカタカナ語の大半が英語からきています。二〇〇二年、国立国語研究所が「外来語」委員会を立ち上げ、政府の文書や新聞など公共性の高い場面で使われながら一般社会での定着が不十分で分かりにくい外来語について、日本語での言い換えを提案したくらいです（提案は二〇〇六年まで行われた）。

ところがカタカナ英語というのは、英語学習に役立つどころか足を引っ張る迷惑かつ余計な存在です。そもそも英語に存在しない和製英語もあれば、英語にある単語だけれど意味がずれていたり、発音が全く違ったりするので、英語のつもりで使っても通じません。英語由来の外来語は「カタカナ英語」と呼ばれますが、実際は「英語もどき」であって単なる日本語と解釈すべき場合が多いので、私は「カタカナ語」と呼んでいます。

＊神永曉「『外来語』と『カタカナ語』の違いは?」、『日本語、どうでしょう?』第三九五回（二〇一八年一二月一〇日 Japan Knowledge https://japanknowledge.com/articles/blognihongo/entry.html?entryid=413）

新型コロナ感染症対策で頻出したカタカナ語

新型コロナウイルス感染症対策では、そのカタカナ語が多用されて不評でした。たとえば、「感染者集団」といえばわかるのに「クラスター」が使われました。cluster という英語は「群れ」「集団」を意味する日常語で、「病気などの集団発生・大量発生」に使うこともありますが、cluster bomb となれば、爆発すると小さな爆弾が多く飛び散る物騒な「クラスター爆弾」になります。コロナ感染症では、屋形船やライブハウスや病院など、一つの場所で発生した小さな感染者集団を指す専門用語として使われました。

次に登場したのが、「世界的大流行」を意味するpandemicです。英語では強勢が第二音節deに置かれるのに、日本語的な発音で第一音節「パン」を強めた「パンデミック」を使い続けたアナウンサーがいました。それを聞いて真似する視聴者もいるでしょうから、間違った英語の発音が感染する見本のようです。

やがて新型コロナウイルス感染者が増えてくると、「ロックダウン」が使われました。lockdownは「封鎖」ですが、「封鎖」というと現実的過ぎて厳しいから避けたのか、ロックだからカッコイイと感じるのか（rockじゃなくてlockですが）、誰もが「ロックダウン」と言い出しました。小池百合子・東京都知事の記者会見では、「ロックダウン（都市封鎖）」と日本語訳付きで説明されましたが、lockdownは都市とは限らず、国全体を封鎖する場合にも使われます。

小池都知事が英語と並べて紹介した日本語訳が、元の意味と微妙にずれているのは「都市封鎖」だけではありません。感染を広げないため「3密」（密閉、密集、密接）を避けることを英語では「ソーシャル・ディスタンス」（社会的距離）と言います、とYouTubeで説明したのも元の英語使用とはずれています。ただ、英語で使われている表現は、social **distancing**です。「距離」を意味する名詞のdistanceではなく、「距離を置く、離れる」

という意味の動詞にingをつけて、感染症対策では「人との距離を空け、接触機会を減らすこと」という意味で使います。

このsocial distancingは、今や世界中で使われていますが、世界保健機関（WHO）は、インターネットで社会的なつながりは可能で、物理的に身体が離れれば良いのだと説明し、physical distancingと表現することを提案しています。

「オーバーシュート」とovershoot

国民に理解と協力を求めるなら、日本語を使えば危機感を共有できます。コミュニケーションは英語で話すことではないですし、素人が理解できるように科学を説明するサイエンス・コミュニケーションは世界で重視されています。その観点から、とりわけ気になったのが、「オーバーシュート」でした。

耳慣れない「オーバーシュート」という用語を感染症の専門家が記者会見で使ってから、政府も都知事も右へならえで使い始め、報道するメディアも横並びで盛んに用いました。

しかしovershootという英単語（動詞と名詞）は、「（想定より）行き過ぎる」「（意図せず）予想を超える」という意味です。飛行機が停止位置より行き過ぎることや、予算の限度を超えることなどに使います。ところが新型コロナ感染関連の報道では、「爆発的な感染拡大」という意味で使われていました。

そこで、Facebookで海外の英語話者に問い合わせたところ、overshootをコロナ感染症報道で目にしたり、専門家が使っているのを聞いたことはない、という返信ばかりでした。「完全な間違い。overgrowthと混同したんじゃない？」と書いた人もいました。一人だけ、ふつうの意味で使った用例をあげた人がいて、「外出自粛などの制限がコロナ対策で必要な度合いを超えてる」と友人がぼやいた時に、「行き過ぎ」という意味でovershootを使っていた、と紹介してくれました。

ツイッターでも、「オーバーシュートって、いったい、何だ？」という投稿が行き交っていて、「工学分野では専門用語として使われているけれど、全く意味が違うので、迷惑だ」という投稿もありました。海外の専門家は使っているだろうかとインターネットを検索したところ、英国の感染症専門家がovershootを使っている記者会見がありました。

If you let an epidemic run its full course you get **what's called overshoot** where more people get infected than you would need if it were to run at a lower peak.

(Professor Chirs Whitty, England's chief medical officer, speaks at a press briefing on the COVID-19 outbreak. 19 March 2020, 14:30 LBC NEWS.)（太字、筆者による）

「(新型コロナ感染症について) 何もせず放っておくと、**いわゆる overshoot** が起き、感染者数のピークを抑えた時と比べて感染者が増える」との説明です。「いわゆるオーバーシュート」と言っただけで、overshoot の定義はしていません。この記事を読んだ米国人の一人は、大学卒の英語母語話者ですが、「三回も読み直したけど何を言いたいのか、さっぱり理解できない」と伝えてきました。一般人に対する専門家の説明としては失敗ということになります。感染者の「急増」という意味では、多くの場合、surge という一般語が使われていて、これなら英語話者はわかります。

オーバーシュートをめぐるミステリー

日本で使われている「オーバーシュート」が英語報道でどのように説明されているかを調べると、ジャパン・タイムズ紙は「爆発的な感染拡大」を、'explosive' breakout / rise、NHK WORLD（のニュース）は 'explosive' surge と英訳し、いずれも overshoot は使っていません。

ただ、小池都知事の記者会見で「オーバーシュート」と発言した箇所を第一報で伝えたNHK WORLDを見た人によると、the capital is now at a critical 'overshoot' phase where there may be a major spike と補足を入れた英語でした（二〇二〇年三月二七日 19:28 Governor: Tokyo on the brink of explosive outbreak）。映像と音声があるので「オーバーシュート」を無視するわけにいかなかったのでしょうが、英訳に苦しんだ跡が見えます。

ジャパン・タイムズからは、「オーバーシュート」という語は誰も理解できないのに、どうして使われているのだろうかと電話取材があり、私なりに答えたものが記事になりました（二〇二〇年四月四日 The Japan Times, "Japanese officials say Tokyo is at risk of an 'overshoot,' but what exactly does that mean?"）。

ところが、取材の際にはジャパン・タイムズの記者も私も知らなかったのですが、「オーバーシュート」の意味がわからないという声が届いたのか、四月一日に、専門家会議で定義を決め、尾身茂・副座長が「オーバーシュートとは、二〜三日で累積患者数が倍増し、そのスピードが継続する状態」のことだと発表しました。

しかし、その後もツイッターでは、その定義は違う、という投稿が続きました。overshoot

は、「感染症が発生した場合に患者数を抑える戦略に関する用語」だとの説明が公衆衛生分野の学術論文と共に紹介されました。*読んでみると、一回目の流行時に発生する患者をどの程度まで減らせば、その後の流行時に患者の急増が起きないかを考える数理モデルでした。何もしないと発生する患者が増えると英国の専門家が説明していた内容（一二七ページ参照）は、このことだったようです。専門家が素人でも理解できるよう説明するのがいかに難しいか、改めて感じました。

民放のBSテレビ番組で、「カタカナ使用が多くてわからないという批判が多い」と司会者から指摘された感染症専門家が、「正確に説明するのは難しいし、専門家同士では英語の専門用語を使うので」と弁解していました。けれど、それは学問の世界に閉じこもった内向きの姿勢ではないでしょうか。学術的な知識を共有している専門家同士が専門用語を使うのは当然ですが、専門的な内容を平易な言葉で説明する「科学コミュニケーション」は大切です。とりわけ新型コロナ感染拡大のように、一般の人々の生命がかかっている重大な危機にあって、「リスク・コミュニケーション」の観点からも必須です。どんなに難しくても努力してほしいものです。

パニックに陥らないように、あえて理解不能なカタカナ語を使っているのではないか、という憶測もツイッターで流れていましたが、国民は真実を知る権利があり、パニックに陥らないためには、政府や専門家が正確な情報を開示し、理解しやすい言葉で丁寧に説明する義務があるはずです。

＊Andreas Handel, Ira M. Longini, Jr., and Rustom Antia.（2006）."What is the best control strategy for multiple infectious disease outbreaks?" The Royal Society Publishing. Proceedings B: Biological Sciences. 2007 March 22; 274（1611）:833-837. Published online 2006 Dec 19.

東京アラートの不思議

東京都では、「緊急事態宣言」が解除となった後に、「東京アラート」なるものが始まりました。経済活動再開によって都民が自由に出歩くと再び感染拡大するかもしれないので、いくつかの指標を決めて、それを超えた場合は都庁やレインボーブリッジを赤く点灯する、というものです。

英語の alert は、名詞で「警報」「警告」の意味なので、「コロナ警報」と日本語で言えば済みました。ちなみに英語の alert は、動詞なら「警告する、警戒させる」「注意を喚起する」。形容詞になると「油断のない、用心深い」という意味です。外出制限を緩和した際、英国政府は stay alert と国民に呼びかけました。日本の新聞社による訳では「警戒を怠らないで」でしたが、日常的には「気を緩めないで」ほどの意味で使います。

alert は発音も問題です。[er] は日本語にない音なので、どうしても「アラート」と英語とは似ても似つかない発音になってしまい、気持ちが悪くて困ります。加えて、最近の東京では、「ウィズコロナ」と珍妙なカタカナ語も登場しています。初めて聞いた時は「ウィズ」とは wizard の略かと思い、「オズの魔法使い」(Wizard of Oz) を連想したのですが、なんと with でした。[th] の音も日本語にないので難しく、歯と歯の間から舌を出すのを怠ると [z] になり、なんのこっちゃ?となってしまいます。

発音についてはご愛嬌と考えるにしても、カタカナ語が国の政策に登場すると笑ってばかりもいられません。コロナ禍で打撃を受けた観光業界を救おうと政府が二〇二〇年七月二二日から始めた「Go To トラベル」キャンペーンは、Go To という英語もどきと「トラベル」というカタカナ語を組み合わせた珍妙な名称でした。新型コロナ感染症が終息どころか東京都をはじめ全国で感染者が増加している時に、補助金を出して観光旅行を奨励する（感染者急増の東京都は外すおまけ付き）という政策内容も問題ですが、英語学習の視点からは「使えない英語」を全国民に刷り込むわけで、大いに難ありです。

Go To とあるので、この部分は英語だと認識して、こういう英語が存在しうると解釈している人も多くいました。また、Go To の次にトラベルが来て go to travel と言うのは文法的に間違っているのではないかとの指摘も多くありました。国土交通省は、日本人なら誰でも知っている go、to、travel を使ったと説明しました。ただ、こういう場合の travel は動詞で使う方が多く、go to は不要です。しかもややこしいのは、日本語の「旅行」と違って、英語には travel 以外にも、trip、journey などの単語があって、目的と長さによって使い分けます。休暇で出かける旅は、イギリス英語なら holiday(s)、アメリカ英語なら vacation です。観光振興で「旅に出よう」と言いたいのなら、go to ではなく、Let's go on holidays / vacation! くらいでしょう。

英語学習の教材として使う

このような理由から、カタカナ語を安易に使うことに疑問と違和感はありますが、ここで気持ちを切り替えて、コロナ禍で生まれたカタカナ語を「生の教材」として、英語学習に活用することを考えてみようと思います。

「Go To トラベル」などは、英語の文法と使い方を学ぶのに格好の教材になります。中学生でも知っている単語ですが、go to の後にふつうはどういう単語が来るのか、travel の意味、仕事の出張は入るのか（入ります）、trip や journey との違い、休暇で行く旅行は何と言うのかなど、基礎力をつけるのにはもってこいです。

大学生や社会人なら、日本政府が進めている「ワーケーション」(workation）を調べるのも一興です。これは和製英語ではなく、アメリカで二〇〇〇年代に生まれた work と vacation を組み合わせた造語です。ただし日本のように観光政策の一環ではなく、働き方（work-life balance）の選択肢として、出張と休暇を兼ねて遠隔（remote）で仕事をすることを指しますが、その形態は多様で、定義は幅広いようです。

高校や大学の授業なら、たとえば「オーバーシュート」って、どういう綴《つづ》りか、どういう発音か、そして肝心な意味と語法を調べます。辞書には大抵 overshoot が載っていますし、電子辞書やオンライン辞書なら発音も聞くことができます。

使い方を調べると、えっ、「感染爆発」っていう意味では使わないんだ、と驚くでしょう。驚いているだけでなく、一体どういうことなのか調べてみます。これは対面授業でなくてもオンライン授業で可能です。もちろん一人でも自習や独学ができます。

ツイッターを見れば、「オーバーシュートって何なんだ?」「英語の overshoot に感染爆発なんて意味はない」などのつぶやきがあふれ、「工学分野では専門用語として使う」と詳しい説明が論文や記事と共に投稿されています。

日本でいうSNSは英語で「ソーシャル・メディア」(social media)と呼びますが、情報の宝庫です。中には質の悪いものもありますが、偽情報は現実世界でも流布します。匿名で投稿できるし顔が見えないだけに注意は必要ですが、ソーシャル・メディアは、世界中の多様な人たちがそれぞれに知恵を出し合っている感があり、情報の速さと多さは圧倒的な強みです。しかも短い会話調なので、いつでもどこでも読めて便利です。

話を戻すと、英語の overshoot の意味と語法を学んだら、次は、ならば英語では「爆発的な感染拡大」をどう言えばいいのかを調べます。新型コロナ感染症の情報はインターネットで簡単に入手できるので、先に挙げたように、日本発のジャパン・タイムズやNHK WORLDのニュースなどをチェックすれば、ああ、英語ではこういうふうに説明するのかと納得します。

それに加えて、英語メディアでは同じような状況をどう説明しているか、各国の報道を調べると、すぐにsurgeやspikeなど頻出語彙が把握できます。新型コロナウイルスは、novel coronavirus、新型コロナ感染症という病気はCOVID-19と呼ぶ。この新語はcoronavirus disease 2019の略語で、「二〇一九年にコロナウイルスにより発生した病気」を指してＷＨＯ（世界保健機関）が命名したものです。combat the coronavirus outbreak（コロナウイルス発生と闘う）は各国首脳の発言によく使われる決まり文句であることも発見できます。

日本語では「社会的距離」と訳されているsocial distancingは、「人との距離を空ける」ことで、ここで使われているdistancingは、名詞の「距離」ではなく動詞から来ていることを知れば、同じ単語で名詞と動詞の二種類を学ぶことになります。

動詞のdistanceには「人と疎遠になる」という意味もあるのを知れば、なぜＷＨＯがsocial distancingという表現を嫌っているかが理解できます。物理的に離れて列に並ぶことも含めて、身体的に離れれば良いわけだから、physical distancingと言いましょう、というのがＷＨＯの提案です。

一つの単語から多様な意味や使い方を学び、関連した単語や語句を知ると、どんどん語彙が増えます。語彙があれば、読むのも聞くのもグーンと楽になります。

基礎的な知識は日本語で得ているので、好奇心に突き動かされながらあれこれ英語の情報を調べていくうちに、新聞なら「読む力」がつきますし、YouTubeなどでニュースの動画を見れば「聞く力」が鍛えられます。ウイルスは英語ではvirus［ヴァイラス］、COVIDは［コーヴィッド］と発音することに気づいて練習すれば、「話す力」につながります。感想を英語でTwitterやFacebookで投稿すれば、「書くこと」の練習になります。

新型コロナ感染症についての名スピーチ

各国のコロナ感染症についての英語報道や首脳の記者会見を比べてみるのも、世界を知ることにつながります。用意された原稿を読み上げるのではなく、自分の言葉で語って国民の理解を得ようとする世界の指導者のコミュニケーションから学ぶことは大きいので、例として、二〇二〇年七月三日放送のNHK「世界にいいね！つぶやき英語」で取り上げた“Great Speeches from Leaders”からいくつか紹介します。

英国エリザベス女王

まずは英国のエリザベス女王（Queen Elizabeth II）です。英国王室はソーシャル・メディアを積極的に活用していることで知られ、エリザベス女王のクリスマス・スピーチは恒例となっています。二〇二〇年四月は新型コロナウイルスによる英国内の感染者が四万人を超え、ボリス・ジョンソン首相も感染し入院したため、女王はウィンザー城から異例のスピーチで国民を励ましました。冒頭と最後だけを紹介します。

Together we are tackling this disease, and I want to reassure you that if we remain united and resolute, then we will overcome it.（私たちは、共にこの病気と闘っています。そして皆さんに安心していただきたいのですが、団結し決然としていれば、乗り越えられます）

We should take comfort that while we may have more still to endure, better days will return. We will be with our friends again. We will be with our families again. We will meet again.（まだまだ耐えることはあるかもしれませんが、より良い日々は必ず戻るということが励みになります。友人と再会できます。家族とも再び一緒になれます。また会いましょう）

カナダのトルドー首相

次は、カナダのトルドー（Justin Trudeau）首相です。

コロナ対策で外出禁止となった子供たちに向けて、友達と遊ぶこともできないことに理解を示し、なぜそうしなければならないのかを丁寧に説明し、「ありがとう」と感謝の言葉を述べたのです。英語でのスピーチを抜粋します。

To all the kids out there … all of a sudden, you've heard you can't go on play dates or have sleepovers.（子供たち、みんな。友達と遊んだりお泊まりできない、って急に言われたよね）

I know this is a big change, but we have to do this not just for ourselves, but for our grandparents, our nurses, our doctors and everyone working at our hospitals. And you kids are helping a lot.（これは大きな変化だってわかってる。でも、これは自分たちのためだけじゃないんだ。祖父母や、看護師さん、お医者さんや病院で働いている人たち皆のためなんだ。それで、君たちはとっても力になってくれている）

The doctors and scientists have been clear that social distancing, which means staying at least 2 meters apart and staying home as much as possible, is the best way to help each other.（お医者さんや科学者がはっきり言っているけど、社会的な距離をとること、これは最低でも二メートル離れることと、できるだけ家にいることなんだけど、それがお互いを助け合うのに一番いい方法なんだ）

So, a special thanks to all you kids.（だから子供たちみんなに、特別にお礼を言います）

子供に対して真摯《しんし》に話した動画に感動したある父親が、このスピーチにレゴの動画を組み合わせてツイッターに投稿し、そのツイートをトルドー首相が自分の子供に見せたことをツイッターで報告するという、微笑ましいやりとりもありました。

ニュージーランドのアーダーン首相

ニュージーランドのアーダーン（Jacinda Ardern）首相は、まだ感染者が少ないうちに非常事態宣言を出し、国を一カ月間封鎖する決断を発表しました。その際、感染拡大を早めに抑えることの重要性を国民に対して、易しく分かりやすい英語で説明しました。ロイターの記事から一部を引用し、新型コロナ感染症関連の必須用語は強調しておきます。

“New Zealand declares national emergency to tackle outbreak,” Wellington, Reuters, March 26

New Zealand Prime Minister Jacinda Ardern on Wednesday **declared a state of national emergency** as the country prepared to **go into a complete lockdown** at midnight **to combat the coronavirus outbreak**.

New Zealand’s **cases of the coronavirus surged** to 205 cases as the government **imposed self-isolation** for everyone, with all **nonessential services, schools and offices to be shut** for a month. [...]

“Make no mistake this will get worse before it gets better. We will have a lag and cases will increase for the next week or so. Then we’ll begin to know how successful we have been.”

Ardern told Parliament the lockdown was triggered by early evidence of **community transmission of COVID-19, the disease caused by the coronavirus**. [...]

"If you have any questions about what you can or can't do, apply a simple principle: **Act like you have COVID-19**," Ardern said. Ardern warned the **restrictions** will be strictly enforced. [...]

Cases in neighboring Australia have **soared** past 2,250 and officials have warned **infections could overwhelm medical services**.

短い記事ですが、「国家非常事態宣言」(a state of national emergency)「完全な封鎖」(a complete lockdown)「自主隔離」(self-isolation) など、新型コロナ感染症対策に関連する用語が満載です。先に紹介した「コロナウイルスと闘う」「(コロナウイルス感染例が) 急増」も登場します。クラスターは使っていませんが、代わりに community transmission「共同体内の感染、市中感染」という語句が使われています。「医療崩壊」は、infections could overwhelm medical services と表現しています。

アーダーン首相は、「封鎖してもすぐに感染が減るわけではなく当面は増えます。封鎖が成功したかどうかはその後で判明します」と正直に述べています。

"Make no mistake this will get worse before it gets better. We will have a lag and cases will increase for the next week or so. Then we'll begin to know how successful we have been."

そして、首相が語った基本原則。「これをして良いのかダメなのか迷ったら、簡単な原則を使ってください。それは、自分が感染したつもりで行動すること」。

"If you have any questions about what you can or can't do, apply a simple principle: Act like you have COVID-19."

三月二五日、アーダーン首相は、自宅で子供を寝かしつけた後、「なかなか寝てくれなかったので、普段着のままでごめんなさい」と詫《わ》び、自宅からFacebookの生中継で全国民に対してコロナ感染の状況を詳しく説明し、質問に答えました。アーダーン首相はその後も、非常事態宣言下にある国民に対して何度も生中継で語りかけ質問を受け付けました。

アーダーン首相の気さくな語りが多少なりとも理解できると、英語学習に向けてさらなる意欲が喚起されるでしょうから、まずは英語の新聞記事で語彙や内容を予習しておき、その後に動画での語りを聞いてみると良いでしょう。

たとえば、「感染したつもりになって行動して」をどう英語で表現するのか。新聞では、Act like you have COVID-19. と引用されていました。国民へ向けての動画では、Act as if you already have COVID-19. と言っていました。どちらも、ごくふつうの英語です。なんだ、こういう英語でいいんだ、と自信が生まれたら、やさしい英語で書いてみて、話してみましょう。

ソーシャル・メディアは、字数制限があって短いですし、世界中の人たちが投稿していて、完璧な英語ばかりではなく間違いも多いので、気楽に英語で投稿できます。すぐに返信が来るとうれしいし、英語で投稿すると海外からの反応があり、世界とつながった！　と感じます。話し言葉で書くので、英語で話すことに近づきます。

慣れてきたら、書いたことを話してみたらどうでしょう。友人と対面で英語でのやりとりに挑戦するのはコロナ禍では避けなければなりませんが、自宅で独り言でも話す練習になります。いつでも好きな時に練習できて、しかも無料です。試してみて下さい。

コミュニケーションとしての言語使用

カタカナ語と英語の違いを学んだら、「コミュニケーションでカタカナ語を使うこと」についてぜひとも考えてみていただきたい。一緒に英語を学ぶ仲間がいるのなら、賛成派と反対派に分かれてディベートをしてもよいかもしれません。外出自粛でオンライン飲み会が流行っているくらいですから、ディベートもオンラインで可能でしょう。日本語とカタカナ語とどちらが過不足なく伝わるか、あえてカタカナ語を使う目的と利点は何かなど、いろいろな切り口から議論できるはずです。

知識としての英語をさまざまな情報から学ぶのが第一段階。その上で、日本語との違いを調べると、英語と日本語という二つの言語の差異について考察することになり、日本語を相対化し、外国語である英語をより深く学ぶことになります。

国際問題を英語で学ぶのは難しいと考えがちですが、世界中が共通の課題に直面しているのが現在です。生きた教材を活用しながら、私たち人類が危機をどう乗り越えて生きていくのかを考える。そこにこそ、英語を学ぶ目的がありそうです。

第六章　日本語を脅かすカタカナ英語

斎藤兆史

ピークアウト、インバウンド――カタカナ英語の感染力

新型コロナウイルスの脅威が去っていない現段階ではやや不謹慎な比喩になってしまうかもしれませんが、読者の多くは、令和二年の春ほどカタカナ英語の「感染」が拡大していくさまをはっきりと目撃したことはなかったのではないでしょうか。クラスター、パンデミック、ロックダウン、オーバーシュートというカタカナが、いかに間違った形で広まったかについては、鳥飼さんの章で解説されているとおりです。

鳥飼さんは、カタカナ英語の安易な使用に反対していらっしゃいますが、本書中では、間違ったカタカナ英語の拡散を逆手に取り、それらの本当の意味がなにかをきちんと調べて理解することが英語学習につながるとの前向きな論を展開しています。

今回のコロナ危機で急速に使用が拡大した先述の四つの単語以外にも、急速に広まったカタカナ英語があります。ある日の朝、コロナウイルスへの感染状況が気になってテレビの報道番組を見ていたら、そこに出演していた何かの専門家とおぼしき女性が「ピークアウト」という言葉を使いました。私が見聞きしたかぎりでは、これが初出です。私は、いやな予感がしました。日本人は、「なんとかアウト」「なんとかダウン」「オーバーなんとか」というカタカナをやたらに使いたがる（ブラックアウト、ホワイトアウト、システムダウン、

オーバーワークなどなど)。「アウト」「ダウン」「オーバー」と言えば、なんとなく心象が湧きやすいからでしょうか。

案の定、たちまちほかの人たちもこの言葉を使いはじめました。本来の peak out は「上りつめる」の意ですが、「ピークアウトしていく」というような表現がでてきたようで、日本語の「していく」との組み合わせによって「峠を越して下り坂になる」という間違った意味で定着しはじめたようです。英語がカタカナ英語となって日本語と結びつき、日本語の文脈のなかで和製英語になっていく過程がはっきりと見えるようです。

またもや不謹慎な比喩をお許しいただければ、この「ピークアウト」などは、きわめて感染経路がわかりやすい。流行のカタカナ英語を使えば、「リンク」が追いやすいということになるのでしょうか。ちなみに、本来の「リンク」はあくまで「連結、関連、結合」という意味であって、「感染経路」なる意味ではありません。

新型コロナウイルスとの関連で出てきたものではありませんが、訪日外国人観光客を表す「インバウンド」は、いったい誰が最初に使いはじめた言葉でしょうか。英語の inbound は、あくまで「本国行きの、帰航の、本国に向かって」というような意味の形容詞あるいは副詞であって、「観光客」なる意味はどこにもありません。観光を論じる際にもそれほど頻繁に使われることのない英単語が、どうして「訪日外国人観光客」を指す名詞としてまたたく間に広まってしまったのか、不思議でなりません。

なぜカタカナ英語が先なのか？

新型コロナウイルス感染症関連の報道のなかで、カタカナ英語の多用と関連して目立ったのが、まずカタカナで言ってから日本語で言いかえるという説明の順番です。報道番組の司会者が専門家にカタカナの意味を聞き、それが日本語で説明されることも少なからずありました。クラスターとは何ですか、集団感染を起こした人たちのことです、オーバーシュートとは何ですか、爆発的感染のことです、ロックダウンとは何ですか、都市封鎖のことです、などなど。

最初から日本語で言えば何でもないものをなぜ最初に（多くの場合、使い方を間違った）カタカナで表現するのでしょうか。国家的危機にあって、どうしてこんなまどろっこしいやりとりをしなくてはならないのでしょうか。

都知事が大事なメッセージだと言って'Stay Home'と書かれた紙を出し、その二語を読み上げた後で、「家にいてください」と言ったこともありました。なぜ、最初から日本語で言ってはいけないのか。あるいは、英語を使いたいなら使っても構いませんが、大事なメッセージだと言って紙に書くなら、まず「家にいてください」のほうでしょう。「ソーシャル・ディスタンス」なる言葉もやたらに使われました。そちらが先で、後で「社会的距離」と説明されましたが、訳語はこれでいいのでしょうか。たとえば富裕層と一般庶民との「社会的」距離とかいうなら話はわかります。でも、ここでの social はふつうに「人と人との間の」という意味でしょう。最初から「人と人との間を空けましょう」と言えばいいところで、なぜわざわざ英語を使って、誤解を招くような訳語を当てるのでしょうか。

専門家の責任

一般の人にとって耳慣れない英語が飛び込んできて、それが後で妙な訳語で説明される現象の裏には、それぞれの分野の専門家の存在があります。海外の英語論文などで紹介されている内容を、そのまま使ってしまうのでしょう。「オーバーシュート」に至っては、鳥飼さんが指摘しているとおり、もともと感染症関係の文脈では使われませんから、日本の専門家が編み出した和製英語でしょうか。

新型コロナウイルス感染症対策の文脈で、先に述べたカタカナ英語ほどではありませんが、それらの裏に隠れてじわりと広がってきた言葉があります。「フレイル」です。外出自粛要請が出るなか、ずっと家にいる高齢者は、「健康」と「病気（あるいは要介護）」の間にある「フレイル」に気をつけなければいけないらしいのですが、この言い方で高齢者の人たちに伝わるのでしょうか。家に閉じこもってばかりいると、病気ではないにしても体が弱っていってしまう、と結局日本語で説明するなら、最初からそう言ってほしいものです。

英語の frail は、「か弱い、虚弱な」という意味の形容詞です。もしかしたら高齢者の保健に関わる専門領域において、healthy-frail-ill（いずれも形容詞）という区分があるのかもしれません。あるいは、名詞で言うなら、health-frailty-illness でしょうか。私などは、そしておそらく多くの英語話者は、frailty と聞くと、'Frailty, thy name is woman!'「弱き者よ、汝の名は女なり！」というハムレットの名台詞を思い出しますが、こういう話は、あらためて文学を用いた英語学習の章で論じることにしましょう。

いずれにしても、日本語の「健康」と「病気」はいずれも名詞ですから、その間に（名詞の「フレイルティ」ならまだしも）「フレイル」があると言われても、何とも座りの悪い説明です。その中間部分に名前をつけなければならないなら、「虚弱（化）」、あるいは「衰弱」ではいけませんか。漢方には「未病」という概念がありますが、これではいけませんか。

日本語の生態系を守るべき

私は、鳥飼さんと同じく、カタカナ英語の氾濫については危機感を持っており、日本語の生態系を守るべきであるという立場を、自ら編者を務めた『言語接触――英語化する日本語から考える「言語とはなにか」』（東京大学出版会／二〇一九年）のなかで表明しました。また、大学の英語教師の立場からすると、あまりに多くの学生が和製英語をそのまま英作文のなかで使うので、英語教育の立場からもカタカナ英語の多用に反対しています。そのため、いろいろな分野の専門家にも、専門用語の安易なカタカナ化をしないほうがいいのではないかと申し入れることもあります。

英語のよくできる方、翻訳の上手な方（この両集団には重なる部分が大きい）は、カタカナ専門用語の訳語を一緒に考えてくれることもありますが、専門家のなかには、専門用語の和訳に反対の立場を表明する人もいます。理由のほとんどは、それぞれの用語に「相当する日本語がない」です。

この英単語に相当する日本語はない。一見、もっともな理由です。しかしながら、そんなことを言い出したらheadに相当する日本語もありません。「頭」も「首」も、それぞれ少しずつ意味の守備範囲が違います。人体に関して使う場合には、headは日本語の「頭」と「首」を足して、そこから英語のneckを引いたような意味合いを持ちます。

また英語のheadは、ビールを注いだときに上部に現れる「泡」を指すことがありますが、日本語の「頭」も「首」も、そのような意味では使われません。つまり、違う言語の間で意味がぴったりと合う単語など、きわめて日常的、基本的なものを例外とすれば、ほとんど見つかりません。それを文脈のなかでなんとか同じような意味になるように訳語を探り、構文を工夫して言語変換をするのが翻訳という作業です。もちろん、原語の正確な理解が前提となります。

明治の日本人は、西洋の文物を日本に紹介する際、それを表すもともとの語を翻訳して日本語の文脈に乗せる工夫をしました。おかげで、日本語を母語とする日本人は、母語でしっかりと考え、学ぶことができるようになりました。日本における学問研究の水準の高さは、母語による思考の精度の高さでもあります。ここに来て、その母語の基盤が揺らいでいます。みんながきちんと理解しているかどうかも不明なカタカナ英語を「てにをは」でつないだような日本語（？）が増えています。

カタカナ英語拡散のカラクリ

誤解のないように申し上げておけば、専門家が海外の最新研究を日本に導入し、それによって社会貢献をしようとする努力に水を差すつもりは毛頭ありません。新型コロナウイルス感染症対策において、専門家の方々の指導が大きな効果を持ったことは間違いありません。ただ、一つお願いしたいのは、自分たちがカタカナの専門用語を使って一般向けに情報を発信した場合、それがどのような広まり方をするか、自分たちの意図どおりに理解されるかどうかを考えてほしいのです。特に英語に対してコンプレックスを抱いている人が多い日本においては、注意が肝心です。

改めて今回広まったカタカナ英語を例にとれば、「オーバーシュート」を警戒しなくてはいけないと専門家が言う。しかも国家的な危機に関わる記者会見の場で。報道陣は大慌てです。「オーバーシュート」って何だ？　そもそも間違った使い方なので辞書には載っていません。専門家の説明を頼りに、「爆発的感染拡大」とか「感染爆発」などという訳語を当てて一斉にテレビや新聞で流します。

次に慌てるのは国民です。「オーバーシュート」って何だ？　自分は知らないぞ。でも、これだけ広く報道されているのに自分だけ知らないと言うと、きっと馬鹿にされるに違いない。よし、自分もどんどん使うことにしよう。多少大げさに書きましたが、おそらくこのような心理的カラクリがどこかで働いているのではないでしょうか。

これはあくまで私の経験に基づく印象にすぎませんが、英語ができない人にかぎってカタカナ英語を多用する傾向にあるような気がします。英語の構文を操ることはできないので、せめて日本語の構文のなかでカタカナを多用して英語が使えているような気になっているのではないでしょうか。しかしながら、英語の単語は英語の文法に乗ってはじめて意味が正しく伝わります。日本語の文法に埋め込んだとたんに意味が歪んでしまうのです。たとえば、クラスター（cluster）は、名詞であれば本来「房、群れ、集団」の意味です。動詞で使う場合には、「群生する」の意味になります。ところが、「クラスター対策」という具合に日本語と結びついた瞬間、「集団感染」の意味にすり替わってしまいます。本来、そのような意味はありません。

正しく英語が操れる人にはそれがわかりますから、安易にカタカナ英語を織り交ぜたような日本語は話しません。そんな日本語を使うようなら、最初から英語で話すでしょう。

カタカナ英語を聞いても慌てないこと

私も最後に前向きな論を提示して本章を締めたいと思います。

まず、知らないカタカナ英語を見聞きしても、慌てないこと。せっかくですから、鳥飼さんがお書きになっているとおり、それをきちんと辞書で調べてみましょう。多くの場合、本来の英語とずれた意味で用いられていることがわかると思います。それだけでも、英語の勉強になります。

それから、やたらにカタカナ英語を連発する人に会ったら、ああ、この人は英語に憧れているのに、それを使いこなせないからこんな風に日本語のなかでカタカナを使って、それで英語を使っているような気になっているのだ、かわいそうに、と哀れむくらいでちょうどいい。一方で、自分は高度な英語を身につけたいから、意味の歪んだカタカナ英語は使わず、正しい英語を学び、使うようにしよう、日本語と英語はきちんと使い分けよう、と心に決めていただきたいと思います。

英語の勉強法については、章を改めて書きたいと思いますが、英語学習が進むにつれ、日本語のなかで使われるカタカナ英語がいかに本来の英語と違った意味で用いられているかがわかるようになります。変なカタカナを耳にしたら、ちょっと待ってください、それは名詞ですか、動詞ですか、動詞だとしたら自動詞ですか他動詞ですか、というような疑問をぶつけることもできるようになります。カタカナ英語で話すのは面倒くさいから、いっそ最初から英語で話しましょうか、というような余裕が出てくればしめたものです。

第七章　メディアの英語講座

鳥飼玖美子

メディア英語講座の役割とは何か？

英語学習といえば、ラジオやテレビの英語講座を活用する、というのがこれまでの定番でした。学校英語教育を補完する役割を果たしていたともいえる大きな存在でした。

ところが、その様相が最近は変わりつつあるように感じています。一つには、若い世代のラジオ・テレビ離れです。インターネットで多様な英語学習講座が提供され、無料が多いのでスマートフォンで手軽に利用できます。語学番組のためにＮＨＫ受信料を払ったり、お金を出してテキストを買ったりする気にならないと考える若者が増え、語学番組の固定客は中高年、という見方もあります。

もう一つは、英語学習者の多様化です。学ぶ人たちの英語力の差が広がり、外国語番組に求める内容も千差万別です。教養を求める人、本気で英語を勉強したい人、やさしい英語を楽しみたい人とある中で、どの層に焦点を当てれば見てもらえるのか、判断が難しくなっています。

この章と次章では、講師として英語番組に関わってきた斎藤兆史さんと私が、担当番組を振り返りながら、英語講座の意義を考えてみます。

「百万人の英語」とNHK「英語講座」

ラジオ英語講座で英語を学んだ人は多いでしょう。私も、その一人です。

旺文社の「百万人の英語」テキストで高校生のアメリカ留学便りを読んで魅せられ、毎晩のように文化放送のラジオ講座「百万人の英語」（制作は旺文社系列の日本英語教育協会）を聞きました。番組講師の一人だった中尾清秋先生から声がかかり、高校二年生の頃に番組にゲスト出演したこともあります。後に自分が講師になるなど予想もしていませんでした。

私が講師として「百万人の英語」に出演したのは、大阪万博の翌年一九七一年からで、番組が終了するまで二一年間、担当しました。英語教育の専門家でもなかった私がなぜ講師を依頼されたのか不思議ですが、NHK総合テレビ「世界の音楽」や「万国博アワー」という番組に出演していたからでしょうか。

講師を引き受けたものの、教えることなどできないので、ビートルズを特集したり『嵐が丘』を取り上げたりしながら、自分の英語学習体験をおしゃべりするという感じでした。やがて英語を使う職業を紹介する企画を始め、その中で大学英語教員にインタビューしたことから大学英語教育に関心を抱くようになり、英語教育学を大学院で専攻することにつながりました。

「百万人の英語」は、日替わりで多様な講師が担当し内容も多彩で面白いけれど、NHKラジオ講座と比べて一貫性に欠けると批判する向きもありましたが、私は「百万人の英語」を聞いていました。勉強が嫌いだったので、J・B・ハリス先生や五十嵐新次郎先生など個性豊かな講師陣がそれぞれのやり方で自由闊達《かったつ》に英語を楽しく教えてくれたのが長続きした理由ではないかと思います。ハワイ出身の鬼頭イツ子先生が、番組の冒頭と最後にいつも「アロハ！」と挨拶したのも印象に残っています。「百万人の英語」の放送開始は一九五八年四月一日、終了は一九九二年一〇月四日でした。

ラジオ「英語講座」の開始は一九二五年七月一〇日です。なんと大正一四年、東京放送局が本放送を始めた一週間後で、立教大学教授の岡倉由三郎が講師でした。当初は、英文学中心でしたが、やがて英会話中心に変わりました。一九四一年一二月八日真珠湾攻撃の直前まで「英語会話」が放送され、太平洋戦争中は中断していましたが、一九四五年八月一五日終戦の翌月九月一八日から再開しました。NHKアナウンサー平川唯一さんが講師を務める「英語会話」（一九四六〜五一年）は翌年二月一日に開始。「証城寺の狸囃子」のメロディにのせた番組のテーマソングCome, come, everybody! から「カムカム英語」として大人気となりました。

当初から現在に至るまで、NHKラジオでは、各種の「英語講座」が放送され、番組と連動したテキストを製作し販売する形式も踏襲されています。*

私は一度、NHKラジオ講師の打診を受けたことがありましたが、講師がテキストも執筆して収録すると聞き、負担の重さに怖じ気づきお断りしました。立教大学に移ったばかりで全学共通の新しい英語教育プログラムを運営する立場で業務に追われていたので、時間的に無理だろうと判断したからです。

結局、その代わりに、すでにある素材を使ってのテレビ番組ならと引き受けたのが、「テレビ英会話」でした。

*山口誠『英語講座の誕生：メディアと教養が出会う近代日本』講談社（二〇〇一年）

NHK「テレビ英会話」

私の担当した「テレビ英会話」は一九九八年に開始し、初年度は「ふれあいの会話術 Interchange」、二年目が「ふれあいの会話術 Spectrum」。二〇〇〇年からは「テレビ英会話クロスロード・カフェ」シリーズとなりました。米国公共放送サービスPBS制作の

“Crossroad Café”が教材でした。アメリカにやってきた移民が、生活する上で遭遇する異文化コミュニケーションの問題を連続ドラマで解説したものでした。

ルーマニアから米国に移住し「クロスロード・カフェ」という小さな店を始めたブラショフさん、料理担当のヒスパニック女性、アルバイトの中国系青年などが、それぞれの母語の影響を受けた英語でやりとりします。当時は「ネイティブ・スピーカーの英語」を理想とする規範が今より強く、NHK英語講座は「正しい英語」を教えると考えている視聴者も多かったので、どうしようか悩みました。そこで番組開始の頃は、「英語は今や国際共通語です。世界中の人たちが自由に使っているので、このドラマでも多様な英語が行き交います。これが、これからの世界での英語の現実です」といちいち説明していました。

ところが心配は杞憂《きゆう》に終わり、視聴者から不満や批判はまったく来ませんでした。

一つ気づいたのは、発音はスペイン語なまりだったりルーマニア語なまりだったりしても、登場人物の英語に文法的な誤りはなく、表現も役に立つものばかりだったことです。そして、時に誤解したり喧嘩《けんか》になったりするエピソードの一つ一つが異文化コミュニケーションの実態を映していたので、毎回見ていて飽きない内容であり、学びがあったのだと思います。「クロスロード・カフェ」は、ドラマ自体が終わるまで四年間続きました。

「テレビで留学」

「テレビ英会話」の終了後は、「テレビで留学」(二〇〇五～二〇〇九年)の監修をしました。米国コロンビア大学付属英語学校の授業を放送したものです。大学に正規入学するための英語力をつけたい、という各国からの留学生が学んでいる教室です。

正規の学生となって大学の授業を受けるには、規定のTOEFLスコアに達する必要があります。そうでないと英語での授業を受けても、講義を聞いて理解できない、教科書や参考書を大量に速く読めない、発表や討論で発言できない、レポートを書けないので、専門分野に応じて各学部が基準を入学要件にします。私が入学した大学院は英語教育が専門の修士課程だったので、確かTOEFL(当時)で六〇〇点以上が要件でしたが、理工系なら五五〇点くらいでしょうか。

そこに至るまでの英語学習の場を提供するのが、いわゆるESL(English as a Second Language 第二言語としての英語を教える)コースです。その内容をありのままに放送した「テレビで留学」を監修していて、ぬぐいきれなかった疑問がありました。

それは、正規入学するための英語力をつけるためでありながら、英語を母語とするネイティブ講師が教える英会話教室、という印象が強かったことです。もちろん現実には、読む課題を出したりレポートを書かせたりするのでしょうし、テレビという媒体では「絵になる」画面が必要なので、どうしてもネイティブ講師がユーモアたっぷりに教えている姿や、各国からの（入学前の）留学生が英語で楽しそうにおしゃべりしている場面が中心にならざるをえないのでしょうが、これでTOEFLが要求する骨太の読解力がつくのだろうか、という疑問がつきまといました。

「歴史は眠らない：英語・愛憎の二百年」

英語講座ではありませんが、NHK教育テレビ「歴史は眠らない」で、「英語と日本人」の歴史を取り上げたことがありました。二〇一一年二月に四回シリーズで放送された「英語・愛憎の二百年」です。第一回（二月一日）が「英語教育事始」で、長崎の出島や歴史文化博物館を訪問。第二回（二月八日）「近代化に揺れた英語」では、東京大学史料編纂所を訪れ、第三回（二月一五日）「〝敵性語〟の時代」で、和歌山大学に赴き英語教育史専門の江利川春雄教授を取材。第四回（二月二二日）が「〝使える英語〟を求めて」でした。ナビゲーターであり解説者として、日本人と英語の関係を調べることができた意義ある番組でした。

「ニュースで英会話」

私がテレビ画面に英語講師として復帰したのは、二〇〇九年開始の「ニュースで英会話」でした。「テレビ英会話」で六年間一緒に仕事をしたディレクターが提出した企画が通って、これから本格的に準備を始めるので協力してほしいと相談があり、立ち上げの前から関わりました。

「ニュースで英会話」の趣旨は、ニュースを話題にしたくても必要な語彙がないと英語で話せない、語彙を増やしてニュースを理解することで発信につなげたいとの説明で、全面的に賛同しました。ところが、そのための仕掛けとして考えられたのが、「ウェブとテレビとラジオをつなぐクロスメディア」番組という案で、いくらＮＨＫでもこんな壮大な企画が実現するのだろうかと最初は信じられませんでした。

テレビの英語番組は、放送よりかなり前に二回分をまとめて収録するのが常識なのに、扱う素材が旬のニュースなので、毎週、内容選定の数日後には収録、翌日には放送というスケジュールにも唖然《あぜん》としました。[*1] テキストはないと聞いていたのですが、放送が始まったら、視聴者から「ウェブだけでは赤線を引きながら勉強できない。テキストをつけて」との要望が多く、結局、放送後に出版するという異例の扱いになりました。

この番組が従来の英語番組と違うもう一つの点は、NHKエデュケーショナル語学部が制作するだけでなく、ニュースを扱うため他の部局が関係することでした。番組開始の二〇〇九年は、NHKが世界へ向けて英語ニュースを定時で発信するようになった年です。番組が使用するのはそのNHK WORLD[*2]のニュースなので、国際局とも連携することになりました。NHK解説委員がニュースの背景を説明し、講師は英語を説明する、という役割分担も少しずつ確立していきました。

番組の基本的な構成は、①最初にテーマを紹介、②英語ニュースを英語字幕付きで見せる、③解説委員がニュースの背景となる国際情勢などを詳しく説明、④英語の重要語句などを英語講師が説明、⑤最後に同じ英語ニュースを字幕なしで見せる、というものでした。視聴者の意見を聞いてみると、この方法だと、最初は何が何だか見当もつかなかったニュースが、内容と英語についての解説を聞いてから再度見ると、よく理解できる、という評価でした。

英語講師は、ジャパン・タイムズ編集長だった伊藤サムさんと私が交代で務めました。サムさんがどのように考えて番組に取り組まれたのかは知らないのですが、私自身は、この番組を「内容重視アプローチ」(content-based approach) だと解釈していました。外国語をスキルとして学ぼうとするから使えるようにならない、内容を学ぶために外国語を学習することで却《かえ》って成果があがる、とする指導法です。解説委員は岡部徹さんに、後から嶋津八生さんが加わり、毎回のニュースについて、政治・経済・外交などの背景知識を与え、内容理解を深める上で大きな役割を果たしていました。

取り上げる英語の語句選定について、私の基準は「国際共通語としての英語」を前提に、「実際に使えるようになるために必要な語彙か」「覚えるに値する語彙か」でした。テレビ番組は放送時間が決まっているので常に「尺」(時間)との闘いです。一つの語句の説明はせいぜい一分か、長くても二分が限度なのですが、辞書には載っていない微妙な語感を説明することもあれば、時間が許せば、日常会話で使える用例を紹介しました。まれにしか登場しない単語ではなく、仕事で使えそうな使用頻度の高い語句や表現を選びました。アメリカでしか通用しないスラングは国際共通語としては使えないので、わざわざ覚える価値はないと判断し、意味を説明するだけにとどめました。

視聴者とは、テレビで課題を出しウェブで投稿してもらうなど双方向のやりとりをしました。NHK放送センターに招いて番組についての感想を自由に語ってもらったこともあります。ウェブで「ニュースで英会話」学習法を募り、学んでいる視聴者を各地で取材し、どうやって番組を活用しているかを番組で紹介したこともあります。何人もの方々が、ノートに重要語句や用例をメモして声に出して繰り返しているのが印象的でした。個人ではなく地域の同好会や大学のサークルで番組を見て学ぶ活動があり、テキスト購入を補助している大学もあることを知りました。

秋の園遊会に招かれてお目にかかった皇太子殿下（今の天皇陛下）が、「ニュースで英会話、見てますよ」と声をかけて下さり、「えっ、ご覧になっているのですか？」と驚いた私に、「勉強になりますから」と答えて下さったこともありました。

実際に成果はあったようで、「この番組を見て勉強したらTOEICスコアが上がりました」「センター試験の英語を攻略できました」「中学時代から親と一緒に見ていたせいか、英語が好きになりました」などの声が届き、「旬のニュースを扱う時事英語テキストはあまりないので、助かります」「授業に役立てています」など高校・大学の英語教員の声もありました。中学生から英語教員まで、年齢も職業も多様な層に活用されていることに、苦労のしがいがあると、スタッフともども励みに感じていました。

講演などで各地を訪れる度に、さまざまな方々から未だに「ニュースで英会話、見てました！」と声がかかります。修復されたばかりの熊本城を見学した二〇一九年秋、観光案内所で働いている若い女性に話しかけられ、「『ニュースで英会話』を見て英語を頑張って勉強して、今は観光案内に使っています。ありがとうございました」とお礼を言われ、これほどまでに親しまれていたのかと涙が出るほどうれしく思いました。同時に、「どうして終わっちゃったんですか？」と質問されることも多く、そのたびに切なくなります。

そう、「ニュースで英会話」は、二〇一八年三月に終了となりました。二〇一八年四月には一〇年目を迎えるはずでしたが、新たな番組を作ることになったのです。

＊1　数年後には、収録から放送まで一～二日あけるようになりました。

＊2　二〇一八年四月より、ＮＨＫ ＷＯＲＬＤ‐ＪＡＰＡＮが、テレビ、ラジオ、インターネットを通じて海外に発信するＮＨＫの国際サービス全体を表す名称となりました。なお、「ニュースで英語術」（旧「ニュースで英会話」）で使用しているニュースは、ＮＨＫ ＷＯＲＬＤ‐ＪＡＰＡＮの定時ニュース番組「ＮＨＫ ＮＥＷＳＬＩＮＥ」などで放送されたものです。

「世界へ発信！ＳＮＳ英語術」

そして二〇一八年四月から後継番組として始まったのが「世界へ発信！ＳＮＳ英語術」でした。司会には、フジテレビの人気アナウンサーからフリーになった「カトパン」こと加藤綾子さん、お笑い芸人のガレッジセール・ゴリさん、ペナルティ・ヒデさん。コントも入り、番組の雰囲気は一変しました。そもそもＳＮＳをやったこともない私は、不安を抱えたまま、講師を続けることになりました。それでも、番組で紹介するツイートの数々が、まさに世界中から集まり、なかには妙な英語や誤った使い方もありながら、生き生きとした生身の英語の実像に、新しいメディアとしての可能性を感じました。

やがて、ソーシャル・メディアを敬遠しているだけで試さないでは番組を担当できないと考え、ツイッターやFacebookを始めてみて、その魅力を実体験することになりました。ついでのことに、ゴリさんとヒデさんが発する言葉の瞬発力を参考に、ツッコミを練習してみると、すぐにツイッターで感想がつぶやかれるという、密かな楽しみもありました。

同時に、英語教育の視点から重要なことを、テレビ番組で活かすことは難しいと感じたこともありました。たとえば字幕です。

「ニュースで英会話」では、英語ニュースを通常、一回目は「英語字幕付き」で見せ、解説を聞いた後には「字幕なし」で見せました。これは英語教育の視点から言えば適切ですし、この方法で英語力をつけた番組視聴者もいたので支持されていたように感じていました。しかし、それは、英語を学びたいという強い意欲のある層が見ていたからかもしれません。英語教員が自分の勉強のために見ていたくらいですから、かなり高度な英語番組だったことは確かです。視聴者にはさまざまな方たちがいるので、難し過ぎると感じる人がいたかもしれません。NHKは全国に放送されますから視聴者数が多いわけで、見えない学習者の英語力や希望などを推察することは至難で、どのあたりに対象を絞るかというのは難しい問題になります。

「SNS英語術」になってから、新作のハリウッド映画を紹介し監督や俳優のインタビューを流したのですが、毎回、日本語字幕が付きました。理由は、視聴者から「日本語字幕を付けてほしい」という要望が多いからとのことでした。

日本語字幕を付けてしまうと、当然ながら日本語話者は日本語を読みます。すると英語を聞いていないのに聞いてわかったような気になってしまうのですが、実際には英語を聞く力をつけることにはなりません。日本語ではなく英語字幕なら、聞いたことを文字で確認し、聞き取れない箇所も理解できます。

そこで、日本語と英語両方の字幕を出す試みもしましたが、二言語では画面が字幕でいっぱいになってしまいます。最終的には講師が解説する部分だけが英語字幕になりました。知人や友人に聞いてみると、老若男女を問わず「英語番組なのだから、英語字幕にしてほしい」と希望する人たちもいて、英語を学びたい意欲が強い場合は英語字幕を好み、英語より内容をすぐに理解したい場合は日本語字幕を好むようで、多様な期待に応えるのは難題だと感じました。

私は最近、好奇心から4Kテレビに変えたのですが、もはや地上波は数多あるチャンネルの一部に過ぎず、BS、CSの他にNetflix、Amazon Prime Video、YouTubeなど、選ぶのに困るほど選択肢があるのを知りました。ちょうど新型コロナ禍で講演などが延期となり自宅で過ごす時間が増えたおかげで、これまで見られなかった映画やドラマを楽しんでいるうちに、字幕も選べることに気づきました。今頃?と笑われそうですが、字幕を消すことはもちろん、日本語ではなく英語字幕にすることもできるのに欣喜雀躍《きんきじゃくやく》。数は限定されているけれど他の言語での字幕も選べます。英語番組も、こういうふうに本人の希望で字幕を選べるようになれば、字幕についての悩みは解決するわけです。

さて、「SNS英語術」は二〇二〇年三月末で終了となり、私にとってはちょうど良い潮時となりました。考えてみれば足かけ二二年間もテレビ番組講師を続けたので。四月からは「世界にいいね！つぶやき英語」が始まりました。司会が爆笑問題の太田光さんとNHKアナウンサーの保里小百合さんで、テーマによって解説者が替わります。私がゲスト出演した際には、紹介で「テレビ英会話—ふれあいの会話術 Interchange」のビデオが流れ、懐かしくうれしい驚きでした。

ウェブとラジオ「世界へ発信！ニュースで英語術」

ところで、テレビの「ニュースで英会話」は終了しましたが、実はラジオと、そのもととなるウェブは、「ニュースで英語術」として生き残っています。ラジオ番組は一回五分ですが、ウェブでは、音声（英語ニュースと声優さんによる読み直し）だけでなく、文字化したニュースの英語原稿と日本語訳、解説などがつくので、ウェブ原稿の監修は今でも続けています。ところが二〇二〇年三月三〇日から「ニュースで英語術」ウェブの内容が変更になりました。NHKが番組ウェブに掲載したお知らせは、次の通りです。

NHKのデジタル事業全体の見直しにともない、これまでご利用頂いてきた「ニュースで英語術」のページは、来る3月30日（月）午前10時から内容が変更になります。新しいページでは、各放送回の英語原稿とそれに対応した日本語訳および解説はご利用いただけますが、従来からあった単語や例文の学習、音声出力とe-learningはご利用いただけなくなります。

ニュースは扱うものの、音声を伴う映像の提供はなくなり、ニュースで登場した単語を日常会話でも使えることを目指した例文とその解説はやめることになり、これまでウェブを活用して、英語ニュースを見て、聞き、読むことで書く、話すにつなげて学んで下さっていた多くの方々には申し訳ない気持ちです。ただ、英語原稿に日本語訳と充実した解説は残るので、じっくり読んで学び、音声はラジオで確認して頂ければと願っています。

テレビ英語番組のこれから

一九六四年の東京オリンピックを観ようとテレビを買い、家中どころかご近所さんも集まって一緒に画面を見つめている光景が、映画『ＡＬＷＡＹＳ　三丁目の夕日'64』に登場しますが、二度目の東京オリンピック開催を迎える現在の日本は変貌しています。

これまで所帯単位だった視聴率計測が「個人視聴率」に変わりつつあり、個人単位の計測が全国に広がりつつあるようです。つまり「家族そろって同じテレビ番組を見る」という文化が変容している実態に合わせて、視聴率を測ろうということなのでしょう。

加えて、最近の若者は、テレビを見ません。それよりは、YouTube です。話してみてわかった大学生の本音。「テレビは見ない。面白くないから」「SNSや YouTube の方がニュースも早いし、余計な解説がないからいい」「NHKはもっと見ない。受信料払う余裕もないんです」「今どき、お金を払って情報を得るっていう文化が廃れ始めている」「あと三〇年後、見るかっていうと、見ないと思う。もう世の中変わってるから」

NHK英語講座についても「見ないですね」「ちょっとテキスト買ってみた時期はあったんですけど。でも買って、ちょっと見て、わーつまんないと思ってやめました。五〇〇円で買ってこれでやるなら、BBCでただで見れるじゃんと思って。例えば BBC Learning English とか、学習者向けの易しいのがあるんですよ」

この大学一年生は中学三年の頃からBBC英語講座、加えてインターネットの文法講座で学び、高一で英検準一級を取得。文科省の目標は、高校卒業時に英検準二級を取得している生徒が半数を超えることですので、それをはるかに超えたわけです。[*1]

感心しながらも、ＢＢＣが英語講座を無料で提供していると聞き、私は内心、複雑な気持ちになりました。英語教育の政治性を感じたからです。英国は植民地が独立した後も、英語教育を通じて言語文化的優位性を保とうとしている、というのは斎藤兆史さんの持論です。英語が国際語として必須になれば恩恵を受けるのは英語母語話者です。そのために、ＢＢＣ（British Broadcasting Corporation 英国放送協会）やブリティッシュ・カウンシル（British Council）などが英語教育を推進していると考えられなくはありません。

ＢＢＣは一九二七年に設立された英国の公共放送です。[*2] 受信料制度を採用していて、受信料は物価変動を考慮して英国政府が決めます。国際放送（BBC World Service）に対しては政府の補助金もあるようなので、日本の高校生が BBC Learning English などのプログラムを無料で視聴できたのは、英国政府のおかげかもしれません。大学生が批判した「受信料制度」は、不偏不党を堅持し、視聴率などに影響を受けず教育や福祉に関する放送を行えるという考えに基づいており、ＢＢＣに倣って受信料制度を採用しているのは日本のＮＨＫだけでなくフィンランドのＹＬＥなど多くあります。

ただ、二〇一九年総選挙を前に、ボリス・ジョンソン首相は受信料制度の廃止を検討すると表明しました。ＢＢＣは政府からの独立が保障されている報道機関として中立を維持していますが、英国政府はBBCの受信料の額や存続の可否などを決める権限を持っています。二〇二七年までは受信料制度の維持が決定済みですが、テレビを所有する一世帯当たり年間一五四・五ポンド（約二万一〇〇〇円）の受信料が徴収できなくなれば「経営に大打撃を与える」（放送関係者）と懸念されています。

ブリティッシュ・カウンシルは、英国政府が設立した公的な国際文化交流機関で、一九三四年創立。[*3]一九四〇年にRoyal Charter（王立憲章）による公益法人として認定された際の目的は、次の通りでした。

'promoting a wider knowledge of [the UK] and the English language abroad and developing closer cultural relations between [the UK] and other countries.'

英国と英語についてより広範な知識を海外で普及させ、英国と他の国々との間により緊密な文化的関係を発展させること。（日本語訳は筆者）

本部はロンドンにあり、世界一〇〇カ国以上で七〇〇〇人以上のスタッフが英語の普及に当たっています。総裁はエリザベス二世女王陛下（Patron: HM Queen Elizabeth II）。英国外務省を通して英国政府から補助金を受けているけれど、「英国政府とは一定の距離」を保っていると公式ウェブで説明されています。ただし、ブリティッシュ・カウンシルの政策、運営、業績については英国外務大臣（Secretary of State for Foreign and Commonwealth Affairs）が英国議会に対し報告義務があるとのことです。日本では一九五三年から活動しています。

日本の文科省は英語教員の研修をブリティッシュ・カウンシルに（おそらくは多額の予算を注ぎ込んで）委託していますし、日本の高校生・大学生はＢＢＣで英語を学ぶ。英国の言語戦略は大成功ということになります。

そういえば内田樹《たつる》さんは、「植民地支配の言語教育がオーラル中心になるのは政治的に当然のことなんです。うっかり読み書きを教えてしまうと、知的な若い子たちの中から教養的に植民地官僚を凌駕する人が出てきてしまうから」と語っていました。[*4] なるほどと頷《うなづ》きつつ、「話せる英語」を目指して全国の英語教員がブリティッシュ・カウンシルの研修を受けている現状が重なってしまいます。

さて、それでは日本の英語講座はどうでしょうか。公共放送であるＮＨＫは、いくつもの外国語講座を制作していますが、圧倒的に種類が多いのは英語です。国際共通語としての英語の存在感は、ここでも感じられます。

けれど、テレビにかじりついているのは年配者、若者はスマートフォンで好きな動画を見る、と二極化した時代になり、多数派と想定される層を念頭に制作されたテレビ番組より、一定の層を対象に作られた講座のサイトを選択することになるのは自然な流れかもしれません。NHKは、将来を見据えてインターネット同時配信を始めたのでしょうが、その中で「英語講座」はどのような使命と役割を担うのか。テレビ英語講座は岐路に立っているように感じます。

そんなことをあれこれ考えていた頃、新型コロナ感染症対策に取り組んでいる高校の先生から、休校中に「ニュースで英会話」を生徒に見せて勉強させたいと連絡があり、番組が終了してしまったことを改めて惜しいと思いました。全国の小学校、中学校、高校、大学がオンライン授業に切り替えている中、クロスメディアだった「ニュースで英会話」は、学校の授業を補える英語講座として大きく貢献したはずです。

それを考えると、今後のメディア英語講座の役割の一つの方向性が見えるような気がしてきました。新型コロナ感染症は、暮らし方、働き方、学び方を変え、そのような新たな社会のありようは、コロナ後も続くでしょう。

多くの視聴者は高度な英語番組を求めてはいないので、やさしく楽しい番組を提供すべきという考えもあり得るでしょうが、ラジオ・テレビの英語講座には多種多様の番組が揃っています。英語を勉強したい人たちが選びたくなる良質の番組があり、定時の放送に加えてインターネットと連動しているとなれば、オンライン自宅学習には最適です。自分で好きに選ぶことが可能な時代だからこそ、質の高い番組の提供が公共放送の強力な選択肢となり得るのではないでしょうか。

＊1　この項目は、鳥飼玖美子『10代と語る英語教育――民間試験導入延期までの道のり』（ちくまプリマー新書／二〇二〇年）での「服部くん」の発言から一部改変して引用しています。
＊2　BBCについては、https://www.bbc.com/aboutthebbc/ を参照。
＊3　ブリティッシュ・カウンシルについては、https://www.britishcouncil.org/about-us を参照。
＊4　内田樹・鳥飼玖美子「対談：悲しき英語教育」江利川春雄・斎藤兆史・鳥飼玖美子・大津由紀雄『学校英語教育は何のため？』ひつじ書房（二〇一四年）一〇一～一四二頁。

第八章 実用と教養のはざまで
——私が関わった英語番組

斎藤兆史

鳥飼さんには遠く及びませんが、私も多少テレビやラジオの英語番組に関わってきましたので、その主立ったものをご紹介しながら、メディアを通じた英語学習の問題点と可能性を論じてみたいと思います。

「英語でしゃべらナイト」

教育テレビではなく総合テレビで放映されていた英語番組で、初期に何度かゲストとして参加したことがあります。幕末・明治の日本人の英語学習を扱った回では、監修のような形でも関わりました。そこでは、さすがNHKと感嘆したくなるような調査力と技術力が活かされ、部分的には大学の講義でも使うことができるような質の高さが見られます。

ただし、この番組は、そのタイトルからも窺《うかが》えるとおり、日本人が怖じ気づくことなく英語を話すことを推奨しています。そのため、日本語を母語とする出演者には、やたらに英語を使わせたがる傾向があり、演出が行き過ぎているとおぼしき部分が散見しました。

堀達之助という英学者について私が日本人アナウンサーに取材を受けた回では、まず挨拶の段階で（お辞儀を交わすこともなく）握手を求められ、その後のやりとりも英語で行うことになりました。お笑い芸人のパックンが取材に来てくれたときには、ディレクターから

「パックンは日本語で、先生は英語でお願いします」との指示を受け、日英チャンポンの奇妙なやりとりをすることになりました。

また、怖じ気づくことなく英語を話しましょうとの提言は、それを誰が受け入れるかによって、毒にも薬にもなります。基本的な英文法を習得し、大概の英文は読めるが会話となるとどうも苦手である、というレベルの英語学習者には薬になります。発話の練習を繰り返すことが、英文法の自動化に役立つと思われるからです。ところが、その段階に達していない学習者が闇雲に英語（らしき言葉）を使おうとしても、英語による会話力が伸びないばかりか、妙なカタカナを連発する悪い癖だけがついて、逆効果です。

とはいえ、総合テレビの番組である以上、視聴者に等しく同じメッセージを発信せざるを得ず、これが語学番組を放送する上では足かせになっているようです。

「3か月トピック英会話——話して聞きとる！ネイティブ発音塾」（二〇〇九、二〇一〇年）

こちらは教育テレビで放送された番組。三カ月一区切りの英会話番組で、何を中心的な「トピック」に選ぶかは講師に任されています。私は、本来英語文体論を専門にしていますが、番組制作を依頼されたとき、迷わずに提案しました。「発音記号を教える番組にしましょう」と。

発音記号は、英語の発音を習得するにあたってとても有用な符号です。楽譜の読み方と同じで、早いうちにその読み方と発音の仕方を覚えてしまえば、正しい発音が身につきます。ところが、いまでは中学でも高校でもほとんど発音記号を教えない。こういう無味乾燥な記号を教えると、英語嫌いが増える、というのが一つの理由らしい。何を言っているのか、と思います。こんなところで英語嫌いになるようなら、どのみち英語など身につくはずもない。子供が英語嫌いになるのを恐れて、英語に興味を持つ子供たちの才能の芽まで摘んでしまうのは、じつに愚かなことです。

学校が教えないなら、ＮＨＫでやりましょう。私はそう提案し、制作班も賛成してくれました。せっかくだから、私が馴染んできたイギリス発音を中心とし、舌の動きを超音波診断機で確認するという、会津大学のイアン・ウィルソン先生が専門とする最先端の技術を導入して、日本人にとって難しい、あるいは紛らわしい発音の解説をしました。紛らわしい発音をちりばめた物語調のスキット文は、すべて私の書き下ろしです。

内容が内容だけに、人気番組とはなりませんでしたが、再放送にもなったところを見ると、評判もまずまずであったと思われます。

「3か月トピック英会話――聴く読むわかる！英文学の名作名場面」（二〇一〇、二〇一二年）

同じ番組の別のシリーズです。今度の「トピック」は、イギリス小説を中心とする英文学作品の名場面。ディケンズの『オリヴァー・トゥイスト』のなかでオリヴァーがお粥《かゆ》のお代わりを願い出る場面や、カズオ・イシグロの『日の名残り』のなかで、語り手たる執事のスティーヴンズが父親の危篤状態を知りながら働き続ける場面をはじめとして、名作中の名場面を英語で読みました。

番組作りのなかで思い出深いのは、私のイギリス滞在中に行った現地ロケです。女優の内山理名さんと一緒にそれぞれの作家、作品、場面にゆかりのある土地を巡り、資料映像を撮りました。NHKの国際的な信頼度はすごいもので、ハーディの『ダーバヴィル家のテス』との関連で訪れたストーンヘンジでは、普段は入ることのできない内奥部まで入れていただきましたし、ディケンズ直筆の署名入りの本も手にすることができました。

ただし、本来の番組の趣旨からして、実用的な英語コミュニケーションに資するような内容を盛り込まざるを得なかったのは残念でした。この名台詞を使ってこのようなコミュニケーションができます、というような解説をするのですが、何もわざわざ文学作品の台詞を現実的な場面に当てはめる必要は本来ないのですから。

実用の英語か教養の英語かという二項対立の議論がよくありますが、これは不毛です。実用のやりとりにも出てくる英語表現は、当然ながら小説にも現れます。正しく英語を勉強していれば、いずれ会話もできるようになりますし、文学作品も読めるようになります。後の章で、文学作品を用いた英語学習を解説しますが、もちろんそれは実用の英語力を身につけるためでも、教養を身につけるためでもなく、英語力を高めるためのものであることをあらかじめ申し上げておきます。

以上のNHKのテレビ番組では、ある程度私の英語教育の理念を盛り込むことができましたが、昨今の番組を見ていると、視聴者の興味関心を煽ることが至上命令となっているようで、英語教育番組としての質を軽視しているのではないかと思われる節があります。

また、日本人講師が英語使用の手本を見せず、母語話者の英語を日本語で解説する役回りに徹しているのも気になります。かつて「テレビ英語会話」という番組で、講師の東後《とうご》勝明《かつあき》先生とイギリスの英語学者ランドルフ・クワークが上質の英語でやりとりをしているのを見て感心したことがありますが、もはやNHKは、あのような志の高い番組を作る気はないのでしょうか。

NHKラジオ「原書で読む世界の名作——チャールズ・ディケンズ『デイヴィッド・コパフィールド』」(二〇〇一年)

ディケンズの名作『デイヴィッド・コパフィールド』を八カ月にわたって解説しました。テキストとして使用したペンギン・ブックスの縮約版では、原書のなかで中心的なプロットに絡む部分だけが見事につなぎ合わされており、あれだけ長い小説をよくもまあここまで縮めたものだと感心しました。やさしい英語に書き直されているわけではないので、聴取者は基本的に原文を読んで勉強することになります。

英語学習を考えた場合に有用だったのは、ペンギン・ブックスが提供してくれた朗読テープです。しかも、読み手がなかなか器用な人で、会話の部分などでは三つ四つの声色を使い分けながら読むのです。ディケンズ本人の公開朗読の様子を想像させるような名演でした。これには、声色使いを自任する私も大いに刺激され、拙訳を読み上げる際、あっちが三つ四つなら、こっちは十くらいの声を使い分けてやろうと張り切って始めたのはいいのですが、どの登場人物でどの声を使ったか途中でわからなくなって苦労することもありました。

英語文学の勉強を始めるにあたり、大作を原文で読んでやろうと力むと途中で息切れしてしまいます。最初は、やさしい英語で書かれた短い作品でもいいし、名作をやさしい英語で書き直した教科書でも、私の番組で使ったような縮約版を読むのもいいと思います。あるいは、名作の一部だけ頑張って原文で読む手もあります。そのような形で始めて、最終的には名作を原書で読み通すことができるようになると理想的です。

NHKラジオ「見つめ合う英文学と日本——カーライル、ディケンズからイシグロまで」

「こころを読む」というシリーズの一つとして、二〇一八年に三カ月ほど放送されました。新渡戸稲造に影響を与えたトマス・カーライル、受験英語界で名文家として重宝されたバートランド・ラッセルとサマセット・モームといった、日本で愛読された作家を前半で扱い、後半では、ラドヤード・キプリング、ラフカディオ・ハーン、カズオ・イシグロをはじめ、日本を描いた作家を取り上げました。

語学番組ではありませんが、適宜英文の解説をしながら、聴取者が英語に興味を持つような仕立てを意識しました。

放送大学

①「英語Ⅳ（'03）――Cultural Crossroads」

日英の文化比較をテーマとした授業で、二〇〇三年から数年にわたって放映されました。視聴覚素材を充実させるため、イギリスと日本でロケを行い、多くの英語話者に取材を受けていただきました。

②「英語の基本（'08）」

先の「英語Ⅳ」と同様に文化的なテーマを中心に据えましたが、英語のレベルとしてはややややさしめに設定し、文法や語法の解説に力を入れました。

いずれも放送大学の大橋理枝先生と一緒に担当した授業です。ある程度生涯学習の一翼を担っているとの使命を意識してはいますが、基本的には大学の授業なので、ほぼ講師の意向どおりに授業作りをすることができました。

教材作成の際、まず教科書の英文を自分たちで書き下ろすことを心がけました。これからは文化発信のための英語使用を心がけるべきだといいながら、海外で出版された教科書を使い、母語話者が書いた英文を読むような授業が大多数を占めるなか、英語による文化発信の手本を示すことが重要だと考えました。同じ意味で、ロケでのインタビューはすべて私たち講師が行い、私たちが英語を話している場面もできるだけ多く教材に盛り込みました。

また、教科書の英文も、視聴覚教材の英文も、すべて日本語に訳して、きちんと文法構造を説明することも心がけました。学生さんのなかに、文法訳読式の英語教育に馴染んだ世代の人が多いことも意識しましたが、そもそも文法訳読式の読解は、上手なやり方で行えば、じつに効果的な英文理解につながります。日本人英語学習者のなかには、実際に文法訳読式の授業を受けた経験から、それが駄目な教授法だと思い込んでいる人が少なくありませんが、その人たちが経験したのは「下手な文法訳読」です。文法訳読は、行う場面を考えて上手に行えば、効果的に英語力を向上させることができます。英語教育関係者のなかには、日本語に訳すことすらけしからんと思っている人も多いのですが、なんとか考えを改めていただきたいものだと思っています。

大橋先生と私は、「英語で『道』を語る」という新しい放送授業の制作を始めています。放送大学の授業は、ＢＳ放送でもご覧いただけると思うので、ぜひ私たちの教育実践をご確認いただければと思います。

第九章　文学を用いた英語学習法

斎藤兆史

すぐれた英語教材としての文学作品

文学作品が英語教材として優れている点は、すでにいくつもの著作で解説してきましたので、ここではそのいくつかを簡単に述べるにとどめましょう。なお、一口に文学作品といっても、詩、小説、戯曲、随筆をはじめいくつものジャンルがありますが、今回は、私が英語教材としてとくに優れていると考えている小説を中心に解説します。

文学テクストの優れた点は、ほとんどの場合、上質の英語で書かれているということ。文法も正確、語彙も緻密な計算に基づいて選ばれているので、文法学習、語彙学習、音読・暗唱学習など、いろいろな用途に使えます。

また、とくに小説などは、私たちの日常の言語使用の延長線上にあるので、日常的な言語使用の手本にもなります。こう書くと、それは違うだろうという声が聞こえてきそうです。文学は虚構の世界を描いているのだから、その言語が日常の言語使用を反映しているはずはない、と。では、こちらから質問しましょう。

実用的な言語コミュニケーションを重視する昨今の小中学校の英語の教材には、やたらに道案内や自己紹介の場面、あるいはどこどこに行きたい、将来何になりたいといった具合に子供たちが願望を表現する場面がたくさん出てきますが、私たちの日常生活で、そんなにしょっちゅう道案内をしますか？　自己紹介をしますか？　夢を語りますか？　もちろん、そのような場面設定が、学習した文法事項の制約を受けていることはわかりますが、それ以前に、日常的な言語使用に関する大きな誤解があるのではないでしょうか。

逆に、私たちが普段どのようなことをお互いに伝え合っているかを考えると、昨日どこで何をしたとか、誰かに何かを言われて腹が立ったとか、うれしかったとか、過去の出来事に関する「物語（ナラティヴ）」であることがわかると思います。当たり前です。私たちの経験のほとんどは過去に起こった出来事の積み重ねなのですから。その「物語」と基本的に同じ構造をしているのが、小説という文学のテクストです。ですから、作品が書かれた時代にも、語り手の話し方にもよりますが、小説は、基本的に私たちの日常会話の延長線上にあるものなのです。

また、小説にかぎらず、名作と呼ばれる文学作品、あるいは文学の原初的な形を有するおとぎ話、童話、童謡などは、母語話者の言語知識のなかにかなりの程度入り込んでいます。たとえば、「（国境の長い）トンネルを抜けると」と聞いただけで、多くの日本人は「雪国であった」という文句を思い浮かべますし、「どんぶらこ、どんぶらこ」と聞けば、それが文法的にどういう意味かと考えるより先に、ああ、桃が流れてきたのだな、と思います。カタカナ英語に関する第六章で書いたとおり、frailty と聞けば、多くの英語母語話者はシェイクスピアのハムレットを思い起こすでしょう。つまり、名作文学作品を読むことは、母語話者の頭のなかに、文法とは別の形で存在する言語知識や連想のネットワークを写し取る勉強でもあるのです。

さらに、文学作品は、言語による意味の伝達の難しさを教えてくれます。道案内や自己紹介で正しい情報を間違いなく伝えることもたしかに重要ですが、私たちの言語コミュニケーションのなかでそのような単純なやりとりがなされる場面はむしろ限られています。それよりも、なぜあの人はあそこであんなことを言ったのか、文字通り解釈すればこういう意味だが、皮肉が込められているのではないか、私たちは常日頃そのようなことを考えながら言語を運用しています。

言葉の意味は、必ずしも一義的に決まるものではありません。ある言語表現の解釈として、どこまでが妥当で、どこまでが不合理なのか、それを見極めるための訓練の教材としても、文学作品はとてもすぐれています。

名作冒頭の一文だけで英語の復習

それでは、ためしに名作の原文に触れてみましょう。せっかくですから、第八章で触れたディケンズの『デイヴィッド・コパフィールド』(Charles Dickens, *David Copperfield*, 1849-50)の冒頭の一文と最後の一文を読むことにします。訳してしまえば何ということはない英文ですが、英文法の知識を確認していただくために、やや詳細な文法・語法解説をします。傍線が施された文法事項のなかで一つでもわからないものがあったら、ぜひ文法書をひもといて内容を確認してください。

まずは、冒頭の一文。

To begin my life with the beginning of my life, I record that I was born (as I have been informed and believe) on a Friday, at twelve o'clock at night.

語り手は、作品名と同じデイヴィッド・コパフィールドです。名前が作品の題名になっている主人公なので、eponymous hero ということになります。eponymous という単語をはじめて見た読者は、辞書で確認して、単語帳に書き留めておいてください。あまり頻繁に見る単語ではないので、忘れてもかまいませんが、知らない単語がでてくるたびに辞書を引き、できれば単語帳を作ってそこに書き留める努力をすれば、語彙力は確実に伸びていきます。

さて、デイヴィッドが語り手ですから、文中のIはデイヴィッドです。主人公が「私」となってI record…「……とお伝えする、申し上げておきたい」と言っています。この部分が文全体の主節の主語＋述語動詞です。

英語に時制は二つしかない

ここで英語の時制、そしてこの文の時制を考えてみましょう。一つ質問です。英語にはいくつ時制があるでしょうか。文法書によって若干の説明の仕方の違いはありますが、ふつう、英語の時制と言う場合には、現在時制と過去時制の二つだけです。あれ、未来時制ってなかったっけと思われるかもしれませんが、英語の場合、will、shall などの助動詞やbe going to…といった未来表現、あるいは場合によっては現在形を用いて未来のことを表します。

また、完了時制という言葉で完了形を説明している文法書もありますが、完了形や進行形は、通例、時制ではなくて相（アスペクト）を示す形式として説明されます。この文のなかには、動詞の現在形、過去形、そして完了形が現れます。この文の主節におけるそれぞれの動詞の形式がどのような意味を持つのかを考える前に、出だしの部分を片付けてしまいましょう。

主人公が語り手

文は、To begin my life with the beginning of my life と始まります。不思議な始まりかたですね。文法的に言うと、「to 不定詞」の副詞用法です。to 不定詞の代表的な用法として、ほかに名詞用法、形容詞用法があります。学校で習っているはずですので、もう一度確認しておいてください。ここでの副詞用法は、「～するに際して、～するために」というような意味合いを表しています。それで、begin ... with～ は、「…を～から始める、～で…を始める」という意味ですから、この部分を直訳すると、「私の人生を私の人生の始まりで始める」ということになりますが、これは一体どういうことでしょうか。

ここで主人公が語り手であることが重要な意味を持ってきます。すなわち、主人公デイヴィッドは、これから自分の伝記（life）を語っていくことになりますが、それを自分の人生の最初の部分（the beginning of my life）から始めると言っています。すなわち、自分の身の上を語り出すときに、それを幼少期から始める手もあるでしょうし、もっと後の時点から始める手もあるでしょうが、この物語は、生まれた時点から話を始めると言っているのです。そこでまず、という形で主節に掛かります。

生まれた時点から話を始めるために、まずはこういうことから申し上げておきます、という形でI record…とつながります。まず、これが現在形であることに注意してください。なぜ現在形かというと、成人したのち、最終的に作家となった語り手デイヴィッドが、そこを現在の時点として話を始めているからです。小説は、基本的に過去に「こういうことがありました」という形で虚構の物語を語る仕立てになっていることが多いので、基本的には過去時制で語られるのですが、原初的な物語では語り手が現在形で前口上を述べることも多く、イギリス小説の黎明期から一九世紀あたりまでは、まだその名残が見られます。そして、I record に続く that 以下で、物語の本体に入ります。文法的な説明を施しておくと、that は接続詞、これが名詞節を導きます。では、いよいよ物語の本体部に入りましょう。

接続詞の that に導かれた名詞節が I was born（as I have been informed and believe） on a Friday, at twelve o'clock at night です。丸括弧（round brackets, parentheses）に入った部分を除いて考えると、I was born on a Friday, at twelve o'clock at night「私は、とある金曜日の夜の一二時に生まれた」ということで、さほど難しくはありません。少々注意が必要なのは、on *a* Friday の不定冠詞でしょうか。ただの on Friday であれば、曜日で言うと金曜日に生まれたことが中心的な意味になりますし、一回きりの出来事の表現には使えませんが、on Fridays と言えば、「（毎週とはかぎらず、慣例的に）金曜日などには」というような意味合いが出ます。ここでは、曜日はとくに問題ではないが、生まれたのがたまたま「とある金曜日」であったことが表現されています。

では、丸括弧のなかの挿入部はどういう意味でしょうか。that 節のなかではすでに物語に入りかけています。自分は、とある金曜日に生まれた。とはいえ、デイヴィッドは本当にそれが事実であることを知っているのでしょうか。読者の皆さんは、当然ながらご自身の誕生日をご存じだと思いますが、本当に自分がその日に生まれたという確証がありますか？　私自身、自分がどんなふうに生まれたかは知りません。親から、あるいは年長の親族から聞いた話を信じているだけです。それと同じ意味合いのことが、この挿入部に書かれています。as I have been informed and believe「私が人から聞いて［知らされて］、そして信じているところによれば」ということです。挿入部冒頭のasは「〜のとおり」の意味を表す従属接続詞。それに続いて動詞の完了形と現在形が出てきます。

ここでまた現在のデイヴィッドの視点に戻ります。彼は、自分が「とある金曜日の夜十二時に生まれた」と聞かされているのです。ここがas I *was* informedと過去形になっていたとしたら、かつてそういう話を聞いたという過去の事実だけを語っていることになりますが、as I have been informedだと、過去に伝えられた情報が現在の自分の知識となっているとの意味合いを表します。その後のbelieveは現在形ですから、いまもそう信じている、ということになります。

それでは、ここで冒頭の一文を訳しておきましょう。

> 生まれた時点から身の上話をはじめるにあたって申し上げておくべきは、私が（人から聞かされて信じているところによれば）とある金曜日の夜の一二時に生まれたということである。

どうでしょうか。冒頭の一文だけでも、細かく確認しようと思えば、これだけの文法的な勉強になるのです。

一気に物語の結末へ

この調子で一文一文読んでいったのでは、いつまで経っても終わりません。最初の一ページを読んだだけで一学期が終わってしまう、かつての一番悪い文法訳読のやり方になってしまいますので、途中は飛ばすことにします。本来であればあら筋を説明したいところですが、『デイヴィッド・コパフィールド』はべらぼうに長い小説ですし、いかにもイギリス小説らしく、物語の伏線を成すさまざまな逸話が複雑に絡み合っていて、容易には説明がつかないのです。

サマセット・モームの『人間の絆』(Somerset Maugham, *Of Human Bondage*, 1915) という、これまた私の大好きな小説のなかで、人間の歴史を書き記すようにと王様から命じられた賢者が、出来上がった歴史書を読む前に臨終の床に就いた王の前で、その歴史書を要約して「人は生まれ、苦しみ、そして死ぬ」と述べたという逸話が紹介されています。それに近い割り切り方で『デイヴィッド・コパフィールド』を要約するとすれば、デイヴィッドは生まれ、悲喜こもごもの幼年期、青年期を経たのち、幼なじみのアグネスと結婚し、作家として大成する、となります。そして、最後の一文に至ります。

O Agnes, O my soul, so may thy face be by me when I close my life indeed; so may I, when realities are melting from me, like the shadows which I now dismiss, still find thee near me, pointing upward!

本作の物語部分はほとんど過去形で語られますが、ここに来てまた時点が語り手デイヴィッドの現在に戻りますから、現在形が用いられています。O Agnes は呼びかけで、「おお、アグネスよ」ということです。次の O my soul も Agnes が my soul に言い換えられているだけで、呼びかけです。ここでの soul は、ある感情の対象としての人を表し、ここでは「愛しい人」の意を表します。

ちなみに、アフリカ系アメリカ人の情熱や民族意識を soul という言葉で表現することがあります。soul music には、まさに彼らの「魂」が込められているように思われます。同じように、南部のアフリカ系アメリカ人たちの伝統料理を soul food と言います。豚の足の肉やサツマイモ、トウモロコシなどを主とする料理です。

それを知らずに、多くの日本人は（民謡を「ソウル・ミュージック」とは呼ばないくせに）気軽に「ソウル・フード」という言葉を使って郷土料理や地元の名物を表現しますが、カタカナ英語嫌いの私は、これはアフリカ系アメリカ人の伝統料理に対する冒瀆《ぼうとく》ですらあると感じています。「ソウル・フード」や「パワー・スポット」など、なぜ昔から日本人が慣れ親しんできたものをわざわざカタカナで呼ばなければならないのでしょうか。私にはさっぱりわかりません。

愚痴っぽくなりそうなので、本題に戻りましょう。呼びかけに続く so は副詞です。この前の文でアグネスがそばにいることを記述しているので、「このように」と言っているのです。

これに続く部分で may が二度現れますが、これは祈願文に用いられる助動詞の may です。may＋主語＋動詞の語順で、「願わくは…ならんことを」という意味を表します。ここでは、may thy face be by me ですから、「そなたの顔が私のそばにあることを願う」ということです。ここに来て your の代わりに古語の thy が使われているのは、そちらの方が物語を締める祈願文の格式張った文体に合うからだと思われます。それで、どのようなときアグネスの顔がそばにあってほしいと願っているかというと、when I close my life indeed「本当に人生を閉じるときに」、つまり死ぬときに、ということですね。物語自体はここで終わるけれども、本当に（indeed）私の人生が終わるときにも、アグネスにそばにいてほしい、とデイヴィッドは願っているのです。

セミコロンで区切られた文の後半に行きましょう。

... so may I, when realities are melting from me, like the shadows which I now dismiss, still find thee near me, pointing upward!

少し複雑な構文です。when から dismiss までの挿入部を除いて考えましょう。挿入部を除くと、... so may I still find thee near me, pointing upward! となります。so は前半部で説明したとおり。may についても同じです。still は「まだ、なお」という意味の副詞ですから、それでもなお、そなた（thee）に近くにいてほしい、と願っていることになります。最後の pointing upward の部分は目的格補語で、pointing は現在分詞です。そなたが、上を指し示した状態で近くにいることを願っている、ということです。

それでは、挿入部を見てみましょう。接続詞の when に導かれた節のなかの主語は

realities「（さまざまな）現実」です。それがlike the shadows which I now dismiss「私がいま別れを告げる影たちと同じように」、are melting from me「私から溶け出していっている間も」となります。ここは少々解釈が必要ですね。この文が物語の最後に現れることを考えると、「私が別れを告げる影たち」が物語の登場人物たちをめぐる思い出のことを指しているように思われます。その思い出と同じように、（この世を離れるに際して）現実が次第に自分のなかから薄れていく間も、ということになります。

この結末の文も訳しておきましょう。

ああ、アグネス、我が愛しき人よ、私が本当に人生を閉じるときにも、こうしてあなたの顔がそばにあることを願う。いま私が別れを告げる影たちのように現実が薄れ行くときも、あなたにはこうしてそばにいてほしい。天上を指し示しながら！

読者の皆さんには、いずれこの名作の冒頭部と結末の間にある膨大な物語に触れていただきたいと思います。

おすすめの英語文学作品

最後に、原文でも読みやすい英語文学作品をいくつか挙げておきます。原書を読み慣れた方は、もちろん、どんどん読み進めていっていただければいいと思います。英語の勉強は好きだけれど、文学作品を原書で読んだことがない読者の方を想定して紹介します。

英語学習者が最初に触れる原書の定番と言えば、ジョージ・オーウェルの『動物農場』(George Orwell, *Animal Farm*, 1945) でしょうか。ロシア革命を風刺した寓話的な小説です。ジョン・スタインベックの『真珠』(John Steinbeck, *The Pearl*, 1947) とアーネスト・ヘミングウェイの『老人と海』(Ernest Hemingway, *The Old Man and the Sea*, 1952) も、それぞれ短くて読みやすく、それでいながら胸にぐっと迫ってくる名作です。

文学作品と言えるかどうかわかりませんが、私自身は、バートランド・ラッセル (Bertrand Russell) の随筆をたくさん読んで英語力の基礎固めをしました。名文家として知られるラッセルの随筆は昭和期の受験英語界で重宝されましたが、そのなかでもとくに広く読まれたのが『幸福論』(*The Conquest of Happiness*, 1930) です。ラッセルに特徴的な、無駄のない、すっきりとした文章で書かれており、論理的にも明快で、英作文の手本としてもってこいの随筆です。私は、いまでもこの本を手元に置いて、時間のあるときに読み返しています。また、昭和の受験英語界で重宝された名文家に、先に紹介したサマセット・モームがいますが、彼の諸作品も英語の教科書としておすすめできます。

またしても私の好みになってしまいますが、アガサ・クリスティー（Agatha Christie）の作品は、英語も上質で読みやすく、なにより大いに楽しめるのが素晴らしいところです。私は全作品を読みましたが、出来不出来のばらつきがあまりなく、全体として安定感があります。

そのなかでもとくに評価の高い上位三作品は、『アクロイド殺し』（*The Murder of Roger Ackroyd*, 1926）、『オリエント急行殺人事件』（*The Murder on the Orient Express/ Murder in the Calais Coach*, 1934）、『そして誰もいなくなった』（*Ten Little Niggers/ And Then There Were None*, 1939）でしょうが、それ以外で私のおすすめを一作だけ挙げるとすれば、『葬儀を終えて』（*After the Funeral*, 1953）が面白い。もちろん、ほかにも短編集を入れて八十作ほどありますので、ぜひ原書で楽しんでいただければと思います。

もう少し新しいところで作家を二人挙げるとすれば、V・S・ナイポール（V.S. Naipaul）とカズオ・イシグロ（Kazuo Ishiguro）でしょうか。二人とも本来英語圏の人間ではありませんが、英文学を極め、ノーベル賞を受賞しました。その諸作品は、内容から言っても、英語の質から言っても、超一流ですが、英語教材として考えた場合の読みやすさから言えば、イシグロのほうが上です。英語の勉強としてナイポールを読む場合には、小説よりも旅行記や随筆を読むことをおすすめします。

以上、あくまで私の好みの作家、作品を挙げました。読者のみなさんには、ぜひ多くの文学作品を原書で読むなかで、自分の好みの作家を見つけてほしいと思っています。

第一〇章　英語で文学作品を楽しむ

鳥飼玖美子

文学の知識が英会話に生きる

私は文学研究者ではありませんが、文学愛読者ですので、英語で書かれた小説を自分がどう楽しんでいるかをお話ししてみます。文学を用いての英語学習法については斎藤さんが第九章で詳しく指南して下さったので、私はもっぱら個人的体験を語ります。

英語での文学といえば、もちろん最初から英語で書かれた英米文学になりますので、読みやすい、読んでおいたほうが良いという視点から、私が好きな作品をいくつか選んだのですが、偶然にも、斎藤さんが薦められた作家と多くが重なってしまいました。チャールズ・ディケンズ、サマセット・モーム、ジョン・スタインベック、バートランド・ラッセル、アガサ・クリスティー、カズオ・イシグロなど。そこで、英米文学は簡単な紹介だけにして、私は主として英訳された文学作品を取り上げようと思います。

読みやすい英語の小説と言えば、斎藤さんが紹介なさったアガサ・クリスティーです。日本語でも親しまれているので、これを原作の英語で読んでみるのです。日本語訳でおよその内容が分かっているので、この場面はこういう表現を使っているんだ、ポワロのセリフは英語でこうなっているんだ、と楽しむことができます。推理小説は、次がどうなるかハラハラしながら読むので、初めて英語で読んだとしても、思わず引き込まれてしまいます。そういう時は、いちいち辞書を引かないで、話の筋に没頭してしまいましょう。この単語がわからないとどうしても謎解きできない、となったら調べてみれば良い。その単語は絶対に忘れません。そうやって一冊読み終えた時の達成感は、その後の英語学習を支えてくれます。

次は、これも斎藤さんお薦め、長崎県出身の日系英国人作家カズオ・イシグロ。どの作品も不思議な魅力があって惹きつけられます。『日の名残り』（*The Remains of the Day*, 1989）は、必読。執事の過ぎ去りし思い出を通して古き良き時代の英国を描き、ブッカー賞を受賞しました。『わたしを離さないで』（*Never Let Me Go*, 2005）は、臓器提供をテーマにした重い作品。『わたしたちが孤児だったころ』（*When We Were Orphans*, 2000）は、上海の租界で孤児となった主人公の記憶と過去をめぐる物語。生まれ故郷の長崎を舞台にした『遠い山なみの光』（*A Pale View of Hills*, 1982）、戦時中に生きた日本画家の苦悩を描いた『浮世の画家』（*An Artist of the Floating World*, 1986）なども、英語で味わっていただきたい小説です。

最後に、斎藤さんのお薦めリストから惜しくも外れた中から、私の好きなイギリスの作家を紹介しておきます。ジェーン・オースティン（Jane Austen）と、シャーロット（Charlotte）とエミリー（Emily）のブロンテ（Brontë）姉妹です。

オースティンによる『知性と感性』(*Sense and Sensibility*, 1811)、『高慢と偏見』(*Pride and Prejudice*, 1813) は、いずれも一九世紀の英国社会とそこで生きる女性の姿が克明に描かれ、ドラマや映画になっています。

そして日本でも有名な『ジェーン・エア』(*Jane Eyre*, 1847) は、ブロンテ姉妹の妹シャーロットによる小説で、社会通念に反抗する女性が主人公です。『嵐が丘』(*Wuthering Heights*, 1847) は妹エミリーの作品で、恐ろしいほどの復讐劇です。『ザ・クラウン』(*The Crown*) というエリザベス女王の実話を元にした連続テレビドラマを見ていたら、チャーチル首相の肖像画を描くことになった画家を、チャーチル夫人が「ヒースクリフみたい」と評しました。『嵐が丘』に登場するHeathcliffだと気づかないと、ピンときません。

そういえば、通訳者にとって何より怖いのは、こういう文学作品を背景にした発言です。国際会議や学会でも、英語圏で常識とされる詩や小説がいきなり引用されることがあり、原典を読んでいないと訳せないという恐ろしいことになります。パーティで英会話ができなかった苦い経験を理由に、「英会話」教育を主張する方々には、パーティでの何気ない会話にこそ文学作品がさりげなく使われるので、文学から英語文化の背景を知る大切さを伝えたいところです。

世界の名著を英語で読んでみよう

ここからは、英訳された文学から、お薦めを二冊紹介します。一つは日本の古典で、もう一冊はロシア文学です。

『源氏物語』(*The Tale of Genji*)

南アフリカ共和国ケープタウンで国際学会があり、ついでに旅していた時に、現地の老夫婦と出会いました。「どこから来た?」と聞かれたので、「日本」と答えると、夫のほうが「オー! ムラサキ!!」と叫びました。「ムラサキ? 何?」と思ったら、紫式部のことでした。そして彼は『源氏物語』のことを滔々《とうとう》と話し出したのです。高校の「古文」の授業で読んだだけだった私は、まさか海外で『源氏物語』に詳しい人と語り合う羽目に陥るとは予想しておらず、うろ覚えの『源氏物語』について英語で議論するのに苦労し、日本人なのに恥ずかしい、あーあ、英語版を読んでおけばよかった、と後悔しました。

海外で話題になることが多いのは、三島由紀夫や夏目漱石です。最近は、何と言っても村上春樹で、熱狂的なファンが欧米にも東欧にも多くいます。Haruki Murakami を英語で読んでおくと、各国の各世代の人たちと話が弾みます。

『戦争と平和』（*War and Peace*）

これまで私は、原作が英語の作品は英語で読み、他の言語で書かれた作品は日本語訳で読んでいました。たとえばドストエフスキー『カラマーゾフの兄弟』『罪と罰』、トルストイ『アンナ・カレーニナ』『戦争と平和』などのロシア文学は日本語で読みました。

ところが、最近、ロシア文学の英語訳を初めて読みました。新型コロナ感染拡大防止策で講演などの仕事がすべて延期されて外出自粛となり、かつてなかったほど、ゆっくり自宅で過ごせることになりました。そこで、この際じっくり長編小説を楽しもうと書棚を探していたら、*War and Peace*[*]が見つかりました。『戦争と平和』の英語版です。いつ、何のために買ったのか覚えていないくらいですが、読んでみました。そして言語に関して驚きや発見がいくつもありました。

まず、英語版でありながら、フランス語が多いのです。この歴史小説はナポレオンの一八一二年ロシア侵攻を舞台にしており、その時代のロシア貴族はフランス語を日常的に使っていたため、貴族同士の会話の多くがフランス語で書かれているのです。英語を読みながらフランス語も学べるくらいです。日本語訳を読んでいた時は、両言語とも日本語に訳されているので気づかなかったのだと思いますが、英語版で読んでみて多量のフランス語に驚きました。

トルストイ自身、由緒ある伯爵家の四男として生まれ、ロシア語とフランス語の二言語を日常的に使っており、ロシア社会での言語状況について鋭い観察をしています。

フランス語は教養を示すだけでなく、流暢なフランス語を話す人は一目置かれるなど、憧れの気持ちもあったようです。ロシア語で話していて途中でフランス語に切り替えるコード・スイッチング（code switching）、ロシア語の中にフランス語を混交するコード・ミクシング（code mixing）が頻繁に行われたことが、小説の随所で描かれています。

それだけ貴族の日常生活に浸透していたフランス語ですが、ナポレオン軍のロシア侵攻で、「フランス語は敵の言葉」とされてから、モスクワでは「ロシア語だけで話そう、フランス語を使ったら罰金」という動きが出てきました。第二次大戦中の日本で英語が「敵性語」とされた状況を想起します。フランス語で話したら逮捕されたとか群衆に襲われたなどの噂が飛び交います。それなのにフランス語を使い続ける妻に対し、「今はフランス語で話す時ではないんだ」と注意する伯爵が登場します。友人たちと談笑している際にうっかりフランス語を使ってしまい、「罰金！」と冗談で言われた女性が、「なら、ロシア語でどう言うのよ！」と言い返す場面もあり、貴族にとってフランス語がいかに日常言語の一部になっていたかが浮かび上がります。

現在の日本は「英語一辺倒」のようでいて、ここまで英語が浸透しているとは言えません。せいぜいカタカナ語をふりまわすくらいです。

それに、当時のロシアが現在の日本と根本的に違うことが二点あります。

一つは、トルストイの小説で描写されている帝政ロシアは階級社会で、フランス語を使っていたのは貴族階級が主で、労働者や商人、農民はそうではなかったようです。おそらく、その頃のロシアでは、全国民がフランス語を話せるようにしよう、などとは誰も考えていなかったでしょう。

二点目の違いは、ロシアが多言語社会であったことです。フランス語がロシア上流社会の共通語であっても、ロシア政府や軍隊には、ヨーロッパ各地からの出身者がいて、いくつもの言語が使われていたのです。皇帝アレクサンドル一世が招集した戦略会議でも、出席者それぞれが最も話しやすい言語で議論しています。スウェーデン出身の将軍はロシア語を話さずフランス語は下手なので、副官がドイツ語ーフランス語間の通訳をする光景も出てきます。ロシア語、フランス語、ドイツ語などが行き交う様子を、トルストイはpolyglot talk

（多言語での会話）と表現しており、当時のロシアが、現代風に言えばmultilingual society（多言語社会）であったのが興味をそそります。

文学作品を読むことは、こよなく楽しい。その楽しさに理由は不要ですが、あえて挙げるなら、人間の生きざまを照らしてくれるから。自分の知らない世界に旅することができるから。そして、言語と文化がコミュニケーションと密接に生き生きと絡んでいる実相を目の当たりにできるから。

そもそも文学は、どんな作品であれ、著者と読者のコミュニケーションです。作者の内なる思いを、読者は自分なりに受けとめて、内なる対話をしています。だからこそ文学は、私たちの宝なのです。

英語を学びたいなら、英語で書かれた文学作品を読むに限ります。楽しいし、さまざまな発見があります。ぜひ試してみてください。

＊Tolstoy, Leo. (1869) *War and Peace*. 英訳は "Oxford World's Classics, 2010" による。

あとがき

「華のある人」という褒め言葉があります。私の知り合いのなかでこの形容に合う人を挙げるとしたら、鳥飼玖美子さんが第一位であることは間違いありません。英語教育に関するシンポジウムや講演会などでご一緒させていただくことが多いのですが、挨拶の第一声から聴衆を引きつけ、たちまち会場を一つにしてしまう力には目を見張るものがあります。それは、外見的な魅力や声の美しさだけではなく、英語と格闘してきた実績と自信に裏付けられた力です。その鳥飼さんと共著で本を出すことができるのですから、こちらはうれしくて仕方がありません。本書の原点となった『ｋｏｔｏｂａ』での対談時から、終始楽しく仕事をさせていただきました。

本の仕立てを考えれば、対談や対論を活性化するような争点があればよかったのでしょうが、二人の英語教育・学習観があまりに近いために、論争のような面白さは生まれなかったかもしれません。笑い話のような話ですが、ある程度対談が進んだ段階で、あえて争点を探し出して論争をしたほうがいいのではないかと協議したこともありました。しかしながら、同じ言語を母語として同じ外国語と格闘してきた人間であれば、かなりの部分で似たような体験をするのは自然の理であり、無理に言い争う必要もないという結論に早々に達しました。

日本人にとって、英語はとても習得しづらい言語です。学校英語教育の基礎の上に、相当な努力を積み重ねなければ身につきません。しかしながら、逆に言えば、正しい努力さえ続けていけば、高度な英語力は必ず身につきます。日本の英語受容・学習史を見ても明らかなとおり、英語話者と比べても遜色のない英語力を、それどころか読解力や作文力においてはふつうの英語話者をもはるかにしのぐ英語力を身につけた日本人はいくらでもいるのです。そのような英語学習成功者が何を実践したかをきちんと見なくてはいけません。ピアノが上手になりたければピアノが上手な先生に習うのが、強い柔道家になりたかったら強い柔道家に習うのが一番です。きわめて当たり前のことです。そして、すぐれた先達の指導法には、共通する部分が非常に多い。

残念ながら、現在の日本で英語教育論を声高に唱える人のなかには、英語学習に挫折した人が少なくありません。自分では大した努力もせず、学校教育だけで英語を身につけることができなかったといって、学校を、そして教師を責めるのです。そして、日本の英語教育のあり方は間違っていると決めつけ、次々と成功例のない、成功するはずもない改革を提言します。それについては、すでに本書のなかで詳しく論じましたので、ここで繰り返すことはやめましょう。

人工知能や最先端の通信機器の登場は、教育の技術に変革をもたらしました。新型コロナウイルス感染症の脅威は、新しい生活様式を定着させつつあります。しかしながら、技術や様式がどれだけ変わっても、人間が何かを学習する過程で起こる認知的・身体的変化に大きな違いはありません。読解学習の教材は、今後英書という形ではなく、タブレット端末に映し出される英文になっていくのかもしれませんが、読解力育成に必要な時間がそれで大いに短縮されるわけではありません。やはり同じように英文を読み、語彙を辞書(ここでも紙の辞書は電子辞書に取って代わられつつありますが)で調べる努力を重ねていくことになります。

そのように地道な文法・読解によって身につけた力は、英語力向上の堅固な基盤となります。ややもすると日本の英語学習者は、英語を運用するに際し、「文法的に正しくても、私たちはそういう言い方はしない」と母語話者に言われると、たちまち尻尾を巻き、文法・読解学習に見切りをつけてしまっていたように思います。しかしながら、逆に「あなたの周りではこういう言い方はしないのかもしれないが、英文学と規範文法の伝統に則って、私はこの表現を使う」と胸を張ることもできるのです。その高みを目指してほしいと思います。

本書の出版にあたっては、集英社インターナショナルの佐藤信夫さんに大変お世話になりました。この場を借りてお礼を申し上げたいと思います。

斎藤兆史

本書の第一章、第四章は、集英社クオータリー『ｋｏｔｏｂａ』二〇一九年春号・特集「日本人と英語」に掲載された対談、そして二〇一九年秋号から三回にわたって連載された対談に、加筆・修正したものです。

鳥飼玖美子《とりかいくみこ》

立教大学名誉教授。東京都生まれ。サウサンプトン大学大学院博士課程修了（Ph.D.）。「百万人の英語」、NHKテレビ「ニュースで英会話」などの講師を歴任。『本物の英語力』（講談社現代新書）など著書多数。

斎藤兆史《さいとうよしふみ》

東京大学大学院教育学研究科教授。栃木県生まれ。英ノッティンガム大学英文科博士課程修了(Ph.D.)。専門の英語文体論・英語教育の他、英文学の翻訳も数多く手がける。『英語達人列伝』（中公新書）など著書多数。

インターナショナル新書〇六〇

迷《まよ》える英語《えいご》好《ず》きたちへ

二〇二〇年一〇月一二日　第一刷発行

著　者　鳥飼玖美子《とりかいくみこ》／斎藤兆史《さいとうよしふみ》

発行者　田中知二

発行所　株式会社 集英社インターナショナル
〒一〇一-〇〇六四 東京都千代田区神田猿楽町一-五-一八
電話 〇三-五二一一-二六三〇

発売所　株式会社 集英社
〒一〇一-八〇五〇 東京都千代田区一ツ橋二-五-一〇
電話 〇三-三二三〇-六〇八〇（読者係）
〇三-三二三〇-六三九三（販売部）書店専用

装　幀　アルビレオ

印刷所　大日本印刷株式会社

製本所　加藤製本株式会社

ISBN978-4-7976-8060-7　C0282

インターナショナル新書